Kochrezepte für Naturfreunde

Helga und Hans E. Laux

Kochrezepte
für Naturfreunde

Wildgemüse, Wildfrüchte, Würzkräuter
Erkennen, Sammeln, Zubereiten

Kosmos
Gesellschaft der Naturfreunde
Franckh'sche Verlagshandlung
Stuttgart

Mit 179 Farbfotos von Hans E. Laux

Umschlag von Edgar Dambacher unter Verwendung zweier Aufnahmen von Hans E. Laux

CIP-Kurztitelaufnahme der Deutschen Bibliothek

Laux, Helga:
Kochrezepte für Naturfreunde : Wildgemüse,
Wildfrüchte, Würzkräuter ; Erkennen, Sammeln,
Zubereiten / Helga u. Hans E. Laux. – Stuttgart :
Franckh, 1981.
   ISBN 3-440-04972-5
NE: Laux, Hans E.:

Franckh'sche Verlagshandlung, W. Keller & Co.,
Stuttgart / 1981
Printed in Italy / Imprimé en Italie
LH 14 Ste / ISBN 3-440-04972-8
Satz: G. Müller, Heilbronn
Herstellung: Grafiche Muzzio, Padua / Italien

Kochrezepte für Naturfreunde

Einleitung

Wildwachsende Kräuter und Beeren gehören schon seit Urzeiten zur Nahrung des Menschen. Frühzeitig dürften die Jäger und Sammler dabei auch einfache Kenntnisse über den Heilwert der verschiedenen Pflanzen erlangt haben, so wie sie giftige Arten sicher kennen mußten.

Mit dem systematischen Anbau der Kulturpflanzen und im Lauf der Industrialisierung der Nahrungsmittelproduktion ging viel Erfahrung um die Wildpflanzen verloren. Allein das Wissen um ihre Heilwirkung wurde gepflegt, vertieft und weitergegeben.

Je mehr wir heutzutage in ein gesteuertes Konsumverhalten gezwängt werden, um so größer wird unser Interesse für eine natürliche und gesunde Lebensweise. So findet wieder alles, was die Natur an unverfälschten Kräutern und Früchten bietet, unsere Aufmerksamkeit. Viele naturverbundene Menschen finden beim Sammeln der Wildpflanzen in Wald und Flur Erholung und Entspannung. Dazu kommt die Gewißheit, für die Gesundheit des Körpers und seiner Organe etwas Gutes zu tun. Auf die Heilwirkung der Pflanzen gehen wir aus diesem Grund in unserem Buch auch ein.

Wildkräuter und Wildfrüchte können meist mühelos und in ausreichenden Mengen gesammelt werden. Sie lassen sich leicht konservieren und stehen so das ganze Jahr über zur Verfügung. Im kleinsten Garten und selbst auf dem Balkon können feinste Würzkräuter gezogen werden. Mit diesen aromatischen Pflanzen lassen sich viele Speisen verfeinern.

Wenn Sie aufmerksam Wald und Wiesen durchwandern, können Sie fast das ganze Jahr über etwas finden. In unserem „Rezeptbuch für Naturfreunde" finden Sie über 170 Rezepte und Anregungen, wie Sie Ihre Ernten zu gesunden Salaten, Fruchtsäften, Marmeladen, Heiltees und zu leckeren Gerichten oder Beilagen verwerten können.

Ratschläge für das Kräutersammeln

Sammeln Sie immer nur Kräuter, die Sie ganz sicher kennen, und holen Sie Ihre Pflanzen an ungedüngten, staubfreien Standorten, die nicht durch Spritzmittel und schädliche Umwelteinflüsse belastet sind. Wir achten immer darauf, daß genügend Pflanzen zum Fortbestand stehenbleiben. Unsere Kräuter schneiden wir möglichst so ab, daß der untere Pflanzenteil erhalten bleibt. Geschützte Wildpflanzen dürfen nicht gesammelt werden! Wir ernten nur gesunde Exemplare, die an Ort und Stelle wenn nötig gesäubert und verlesen werden. Das Sammelgut wird in luftdurchlässigen Körbchen transportiert. Plastikbeutel sind weniger geeignet, weil empfindliche Blätter und Blüten darin schnell verderben. Bis zum Verbrauch lagern wir die Kräuter kühl und luftig. Brunnenkresse und Bitteres Schaumkraut werden ausnahmsweise im Wasser tagelang frisch gehalten.

Nasse Pflanzen sammeln wir nicht. Sie verderben leicht, und das Trocknen wird erschwert. Ideale

Kräuter für die Frühjahrskur

Sammelzeit sind die Vormittagsstunden, wenn der Morgentau abgetrocknet ist. Kräuter für Frühlingssalate und Gemüse schmecken vor der Blüte besonders würzig und frisch. Blüten sind sehr empfindlich. Sie werden unmittelbar nach dem Aufblühen gesammelt. Samen und Früchte müssen gut ausgereift sein. Wurzeln und Wurzelstöcke holt man im Spätsommer und Herbst. Vor dem Einziehen der Blätter können die Pflanzen noch sicher erkannt werden. Sofern erforderlich. Sammelgenehmigung einholen. Unser Sammelkalender Seite 16/17 gibt Auskunft, was zu welcher Jahreszeit gesammelt werden kann.

Würzkräuter im Garten und auf dem Balkon

Einige der feinen aromatischen Würzkräuter findet man bei uns äußerst selten wildwachsend. Sie sind aber oft seit Jahrhunderten kultiviert und werden für den Anbau im Garten angeboten. Es lohnt sich, für den laufenden Bedarf die wichtigsten Arten im Garten anzupflanzen, um damit eine wertvolle Ergänzung zu unseren heimischen Wildkräutern zu schaffen. Viel Platz wird nicht benötigt. Die Kultivierung bereitet keine großen Schwierigkeiten, wenn man die Ansprüche der einzelnen Arten berücksichtigt. Sonnige Plätze brauchen alle Gewürzkräuter, die aus dem Mittelmeergebiet oder anderen warmen Ländern stammen: Lavendel, Majoran, Salbei, Thymian, Fenchel, Bohnenkraut. Halbschatten lieben Pfefferminze, Liebstöckel, Schnittlauch, Melisse, Sellerie und Boretsch.

Einjährige Kräuter müssen jedes Jahr im Frühjahr ausgesät werden bzw. säen sich selbst aus. Anspruchsvollere Arten sät man ab März in Kistchen oder ins Frühbeet. Wenn im Mai keine Fröste mehr zu erwarten sind, kommen die Setzlinge ins Freiland. Wir achten darauf, daß die Plätze für die verschiedenen Arten von Jahr zu Jahr wechseln. Pfefferminze, Eberraute und Meerrettich werden vegetativ d. h. durch Stockteilung oder Ableger vermehrt.

Wer keinen Garten hat, kann Würzkräuter in Töpfen oder Blumenkästen auf dem Balkon ziehen. Besonders leicht geht das mit Schnittlauch, Gartenkresse und Tripmadam, die im Winter auch aufs Fensterbrett passen. Weitere geeignete Arten wie Liebstöckel, Melisse, Salbei, Estragon und Bohnenkraut können im Frühjahr als Jungpflanzen beim Gärtner und im Fachgeschäft gekauft werden.

Über das Trocknen von Früchten und Kräutern

Wer sein Sammelgut nach dieser einfachen Methode haltbar machen will, muß darauf achten, daß die Beeren und Kräuter trocken gesammelt werden. Sie werden sorgfältig ausgelesen und keinesfalls gewaschen. Früchte und Kräuter enthalten viel Flüssigkeit, die schnell und schonend entfernt werden muß. Dazu werden sie an schattigen, luftigen Stellen lok-

Würzkräuter lassen sich in Töpfen auf dem Balkon ziehen.

ker auf Papier oder Horden ausgelegt. Dachböden sind ideal. Einfacher und schneller geht es mit einer elektrischen Trockendörre mit eingebautem Ventilator. Legen Sie Ihre Kräuter nachts und bei feuchter Witterung in trockene Räume, am besten bei schwacher Wärme in den Bereich der Heizung. Wenn das Trockengut rascheldürr ist, wird es in gut schließende Gefäße gefüllt. Am geeignetsten sind Glasflaschen mit weiter Öffnung und „Twist-off"-Verschluß. Verschiedene Blüten und Kräuter bleichen in glasklaren Behältnissen aus. Sie sollten deshalb in

Sehr praktisch sind Obstkistchen, in denen die Kräuter zum Trocknen auf Papier ausgelegt werden.

lichtgeschützten Gefäßen aufbewahrt werden. Getrocknete Früchte und Kräuter haben einen natürlichen Wirksamkeitsverlust. Es ist sinnvoll, nur einen Jahresbedarf zu trocknen. Der Vorrat soll jedes Jahr erneuert werden.

Versuchen Sie einmal, aus Ihren getrockneten Kräutern einen eigenen Haustee zu mischen.
Das Probieren macht Spaß, und mit etwas Erfahrung haben Sie bald Ihre individuelle, gesunde Haustee-mischung gefunden.

Einfrieren der Kräuter

Das Einfrieren ist die schonendste Methode zur Haltbarmachung für den Winter. Frisch geerntete Kräuter kurz waschen und auf einem geeigneten Tuch abtrocknen lassen. Dann gibt man sie in Plastikbeutel oder Kunststoffdosen und friert sie etwa 24 Stunden bei −25°C ein. Bei dieser Temperatur wird die Bildung großer Eiskristalle verhindert, die beim Auftauen zu weicher Konsistenz des Gefriergutes und zu Aroma- und Nährstoffverlusten führen würde. Die Kräuter sollen dann bis zum Verbrauch bei −18°C gelagert werden.

Alle kleingeschnittenen Kräutermischungen können in Eiswürfelschalen gefüllt, mit Wasser übergossen, eingefroren werden. Die gefrorenen Würfel für Suppen und Saucen füllen wir einen Tag später in größere Dosen um.
Alle Behältnisse müssen sorgfältig gekennzeichnet sein: Inhalt und Tag der Haltbarmachung sind wichtige Angaben, damit das Gefriergut nicht verwechselt wird.

Würzkräuter aus dem Süden

Viele unserer feinsten Würzkräuter stammen aus dem Mittelmeergebiet. Wer im Süden die sonnendurchglühten und steinigen Felsfluren, Macchien und Kiefernwälder aufmerksam durchstreift, findet eine Menge wildwachsender, aromatischer Kräuter wie Rosmarin, Salbei, Thymian, verschiedene Laucharten, Lavendel, Anis, Quendel und Wermut, deren würziges Aroma mit den Blütendüften anderer Mittelmeerpflanzen einen unvergeßlichen Eindruck hinterlassen. In Hitze und wochenlanger Trockenheit entwickeln die Kräuter viel mehr Aromastoffe als bei uns. Wer Lust und Ausdauer hat, kann seinen Würzkräutervorrat im Urlaub kräftig auffüllen. Der Duft und das feine Aroma dieser selbstgesammelten Kräuter erinnern das ganze Jahr an sonnige Urlaubstage. Wenn Sie Ihre „**Herbes de Provence**" selbst mischen wollen, hier ein Rezept: Thymian, Rosmarin, Lavendel, Basilikum, Majoran,

Salbei und Bohnenkraut gehören dazu. Die Menge der einzelnen Zutaten ist Geschmackssache und gilt als gut gehütetes Geheimnis der verschiedenen Lieferanten aus dem sonnigen Süden Frankreichs. Noch ein Tip für alle Leser, die am Kräutersammeln im Urlaub Spaß haben: Wir trocknen unser Sammelgut in geeigneten Kartons im Auto unterm Heckfenster und nehmen unsere originellen Mitbringsel fix und fertig nach Hause.
Unser Sammelkalender kommt dabei allerdings gründlich durcheinander. Bereits im Januar haben wir in Südfrankreich wundervoll duftende Pflanzen gesammelt und den Rosmarinstrauch blühend angetroffen − während Mitteleuropa noch unter einer dicken Schneedecke steckte.

Kräuteröle und Kräuteressig

Aromatische Kräuteröle und -essig geben Salaten und Marinaden eine pikante Note. Ihre Herstellung ist recht einfach. Die Auswahl der Gewürzkräuter ist Geschmackssache. Gut geeignet für Würzöle sind Rosmarin, Salbei, Majoran, Bohnenkraut, Thymian, Lavendel, Bärlauch und Lorbeer.

Provence-Kräuteröl wird so bereitet: 2 Zweige Rosmarin, 1 Zweig Salbei, 1 Zweig Majoran, 1 Zweig Lavendel, 1 Zweig Bohnenkraut werden gut getrocknet in eine Glasflasche gelegt. Die kleinen Zweige übergießt man mit 1 Liter Olivenöl. Die gut verschlossene Flasche 2 bis 3 Wochen kühl stellen. Dann das Kräuteröl abseihen. Im Kühlschrank aufbewahren. Frische Kräuter sind nicht geeignet, das Öl würde trübe und ranzig.

Zur Herstellung von **Kräuteressig** verwendet man Dill, Thymian, Rosmarin, Estragon und Beifuß. Kleine, frische Zweige legt man in ein Glas mit Weinessig. Gut verschlossen 2 bis 3 Wochen ziehen lassen. Am Schluß kann etwas herber Rotwein zum Verfeinern zugegeben werden. Abseihen. Das würzige Aroma der genannten Kräuter reicht oft noch für einen zweiten Ansatz.

Oben: Rosmarin-Kräuteröl

Wildbeeren sammeln und konservieren

Wildbeeren sind eine besondere Köstlichkeit und mit ihrem vorzüglichen Aroma den Kultursorten oft überlegen. Walderdbeeren, Moosbeeren und Freiselbeeren sind recht mühsam zu sammeln. Dafür bietet uns die Natur Holunder, Waldhimbeeren, Sanddorn und Heidelbeeren oft in verschwenderischer Fülle an. Sie können eimerweise geerntet werden. Was schon beim Kräutersammeln betont wurde gilt auch für Beeren: Sammeln Sie für die Küche immer nur Früchte, die Ihnen ganz sicher bekannt sind! Ernten Sie nur an sauberen und staubfreien Plätzen und von gesunden Pflanzen! Alte, schon angeschimmelte Früchte können Gesundheitsschäden verursachen. Nur vollreife Beeren haben ihr köstliches Aroma entwickelt.

Die Beerenzeit reicht vom Sommer bis zum Herbst. Es lohnt sich, in dieser Zeit die vertrauten Plätze abzusuchen. Als Behälter eignen sich Milchkannen oder Eimer aus Plastikmaterial. Unsere Köstlichkeiten wachsen oft im Wald und Gebüsch. Deshalb sind feste Kleidung und Schuhe angebracht. Im Sommer ist ein Insektenschutzmittel empfehlenswert. Für stachelige Sträucher wie Berberitze, Stachelbeeren, Wacholder und Sanddorn nehmen wir alte Handschuhe zum Sammeln mit.

Daheim können die Beeren vor der möglichst schnellen Verwertung im Keller oder Kühlschrank aufbewahrt werden. Sie werden noch einmal verlesen. Waschen schadet dem feinen Aroma und führt zu Saftverlust. Heidelbeeren, Wacholderbeeren, Weißdorn und Hagebutten können getrocknet werden. Saftreiche Wildfrüchte werden in geeigneten Portionen in verschließbaren Plastikbehältern bei −18°C tiefgefroren. Spätestens vor der nächsten Ernte sollen sie verbraucht sein. Eindünsten ist unmodern geworden. Die Beeren verlieren dabei zuviel Aroma und Farbe.

Unten: Saftreiche Beeren sammelt man am besten in einem Plastikeimer.

13

Marmeladen und Gelees

Zum Herstellen von Marmeladen und Gelees verwenden wir vollreife und gesunde Früchte. Zur Bereitung von Marmeladen nehmen wir eine natürliche Einmachhilfe. Die Kochzeit kann dabei kurz gehalten werden, Aroma und Nährstoffe werden geschont und die Haltbarkeit verbessert. Von der Löwenzahnblüte im Mai bis zur Schlehenernte im November bietet uns die Natur sehr viel Abwechslung. Wenn Sie Platz in der Tiefkühltruhe haben, können Sie für die Wintermonate die Früchte einfrieren und bei Bedarf frischen aromatischen Brotaufstrich zubereiten. Unsere erprobten Rezepte sind bei der jeweiligen Pflanze aufgeführt.

Saftgewinnung

Aus Wildfrüchten lassen sich gesunde und wohlschmeckende Säfte bereiten. Bei den meisten Beeren verzichten wir auf das Waschen, um Saft- und Aromaverluste zu vermeiden. Auch beim Sammeln dürfen wir etwas großzügig sein, weil kleine Blättchen oder Blütenreste nicht stören.

Rohen Saft für den sofortigen Bedarf gewinnen wir mit dem Haushaltsentsafter. Dieser Saft ist für den baldigen Verbrauch bestimmt und kann im Kühlschrank aufbewahrt werden.

Um Kochsaft für Desserts, Suppen oder Sirupe zu gewinnen, bedecken wir Beeren oder Kräuter mit Wasser, kochen nach Rezept auf und lassen den Saft durch ein Sieb ablaufen.

Bei der Dampfentsaftung werden die Früchte stark erhitzt. Der kochendheiße Fruchtsaft wird in saubere Gläser gefüllt und sofort verschlossen. Die Vorschriften der Gerätehersteller sind zu beachten. In der Regel wird den Beeren etwas Zucker zugegeben. Der so gewonnene Saft eignet sich gut für die Winterbevorratung.

Über die Bedeutung der Heilpflanzen

Seit Urzeiten werden wildwachsende Kräuter und Beeren als Nahrungsmittel gesammelt. Bereits der steinzeitliche Jäger dürfte einfache Kenntnisse über den gesundheitlichen Wert der verschiedenen Pflanzen besessen haben, so wie er auch giftige Arten sicher erkennen mußte.

Jahrtausendealte Erfahrungen und Überlieferungen wurden erstmals in den Schriften der Antike niedergeschrieben. Nach der Erfindung der Buchdruckerkunst waren die Kräuterbücher des Mittelalters neben der Bibel am meisten verbreitet. Viele dieser Überlieferungen wurzeln im Aberglauben und halten wissenschaftlichen Untersuchungen kaum stand. So herrschte im Volke der Glaube vor, daß Heilpflanzen nur an bestimmten Tagen im Kirchenjahr und unter allerlei magischem Zeremoniell gesammelt werden durften.

In den Klöstern wurde das Wissen um die Heilpflanzen sorgfältig gepflegt, vertieft und weitergegeben. In vielen Klostergärten wurden wildwachsende Arten kultiviert.

Die Kräuterpfarrer KNEIPP und KÜNZLE gaben der Kräuterheilkunde wertvolle Impulse. In den letzten 100 Jahren wurden die Bestandteile unserer Heilpflanzen wissenschaftlich untersucht und in amtlichen Arzneibüchern Vorschriften über Eigenschaften, Prüfung und Aufbewahrung der Drogen erlassen. Viele wirksame Bestandteile: ätherische Öle, Gerbstoffe, Bitterstoffe, Saponine, Vitamine, Glykoside u. a. wurden in modernen Arzneimitteln aufgenommen und weiterentwickelt.

> Die Vorliebe für natürliche, gesunde Kräuter darf nicht zur unkontrollierten Selbstbehandlung führen, im Krankheitsfall sollte man immer einen Arzt befragen, wenn auch durch gesunde Ernährung mancher Erkrankung vorgebeugt werden kann.

Wer sich mit Wildgemüse, Beeren und Würzkräutern beschäftigt, sollte auch deren gesundheitlichen Wert als Heilpflanzen kennen.

Giftpflanzen

Wie bei den Pilzen findet man bei Blütenpflanzen Vertreter, die starkwirkende Giftstoffe enthalten. So muß man, um sich vor gefährlichen Vergiftungen zu schützen, Pflanzen oder Beeren, die man verzehren möchte, genau kennen. Besonders Kinder müssen darauf aufmerksam gemacht werden, daß nicht alle Beeren eßbar sind. Viele dekorative Zierpflanzen im Garten enthalten Giftstoffe! Auch muß vor mißbräuchlicher Verwendung der Giftpflanzen gewarnt werden.

> Vergiftungsanzeichen sind Brennen in Mund und Hals, Speichelfluß, Übelkeit, Erbrechen, Durchfall, Schwindel, Magenkrämpfe. Bei Verdacht auf Vergiftung ist sofort der Magen zu entleeren

und ein Arzt zu Hilfe zu rufen. Beeren- und Pflanzenreste und Abfälle sollten zur Bestimmung aufbewahrt werden. Bei schweren Vergiftungen ist die sofortige Krankenhauseinweisung zu veranlassen. Erkrankte Personen sind zu beruhigen, jede Aufregung ist zu vermeiden.

Andererseits haben die giftigen Wirkstoffe der Pflanzen oder deren Derivate aber auch als Heilmittel große Bedeutung erlangt. Ihre Zusammensetzung und Wirksamkeit wurden erforscht. Sie sind in geeigneter Dosierung und Darreichungsform in der Hand des Arztes wertvolle Arzneimittel.

Sammel-Kalender

Januar
Vogelmiere, Sellerieblätter, Petersilie, Tripmadam, Meerrettich.

Februar
Vogelmiere, Sellerieblätter, Petersilie, Tripmadam, Meerrettich.

März
Brunnenkresse, Bitteres Schaumkraut, Gänseblümchen, Brennessel, Vogelmiere, Scharbockskraut, Löwenzahn, Liebstöckelwurzeln, Sellerieblätter, Petersilie, Tripmadam, Meerrettich.

April
Schlehenblüten, Brunnenkresse, Bitteres Schaumkraut, Gänseblümchen, Brennessel, Vogelmiere, Spitzwegerich, Bärlauch, Scharbockskraut, Löwenzahn, Sauerampfer, Wiesenschaumkraut, Liebstöckelwurzeln, Sellerieblätter, Petersilie, Schafgarbe, Tripmadam, Wiesenknopf, Rosmarin, Schnittlauch.

Mai
Schlehenblüten, Weißdornblüten und -blätter, Himbeerblätter, Brombeerblätter, Brunnenkresse, Bitteres Schaumkraut, Kümmelblätter, Gänseblümchen, Huflattichblätter, Brennessel, Vogelmiere, Spitzwegerich, Bärlauch, Löwenzahn, Sauerampfer, Thymian, Wiesenschaumkraut, Kerbel, Waldmeister, Fichtensprosse, Melisse, Liebstöckelkraut, Erdbeerblätter, Sellerieblätter, Pfefferminze, Boretsch, Estragon, Petersilie, Schafgarbe, Bohnenkraut, Tripmadam, Wiesenknopf, Rosmarin, Schnittlauch.

Juni
Weißdornblüten und -blätter, Himbeerblätter, Brombeerblätter, Holunderblüten, Salbei, Kümmelfrüchte, Gänseblümchen, Huflattichblätter, Brennessel, Vogelmiere, Spitzwegerich, Bärlauchzwiebeln, Sauerampfer, Kerbel, Waldmeister, Fichtensprosse, Melisse, Liebstöckelkraut, Erdbeerblätter, Walderdbeeren, Kamilleblüten, Thymian, Lindenblüten, Knoblauchkraut, Sellerieblätter, Pfefferminze, Dill, Boretsch, Estragon, Quendel, Petersilie, Basilikum, Schafgarbe, Bohnenkraut, Tripmadam, Wiesenknopf, Rosmarin, Majoran, Schnittlauch, Fenchelkraut, Eberraute, Zwiebelblätter.

Juli

Himbeeren, Himbeerblätter, Heidelbeeren, Brombeerblätter, Holunderblüten, Salbei, Kümmelfrüchte, Gänseblümchen, Huflattichblätter, Beifuß. Vogelmiere, Anisfrüchte, Brennessel, Spitzwegerich, Bärlauchzwiebeln, Sauerampfer, Stachelbeeren, Kerbel, Melisse, Liebstöckelkraut, Walderdbeeren, Kamilleblüten, Thymian, Lindenblüten, Knoblauchkraut, Sellerieblätter, Pfefferminze, Dill. Boretsch, Dost, Estragon, Rosmarin, Johanniskraut, Quendel, Petersilie, Basilikum, Schafgarbe, Lavendel, Bohnenkraut, Tripmadam, Wiesenknopf, Majoran, Schnittlauch, Wermut, Fenchelkraut, Eberraute, Zwiebelblätter.

August

Himbeeren, Brombeeren und -blätter, Heidelbeeren, Preiselbeeren, Gänseblümchen, Anisfrüchte, Beifuß, Brennessel, Vogelmiere, Spitzwegerich, Bärlauchzwiebeln, Sauerampfer, Stachelbeeren, Kerbel, Melisse, Berberitzebeeren, Liebstöckelkraut, Walderdbeeren, Kamilleblüten, Thymian, Knoblauchzwiebeln, Sellerieblätter, Pfefferminze, Dill, Boretsch, Dost, Estragon, Wildmöhre, Johanniskraut, Quendel, Petersilie, Petersilienfrüchte, Basilikum, Schafgarbe, Lavendel, Bohnenkraut, Tripmadam, Ebereschenbeeren, Rosmarin, Wiesenknopf. Majoran, Schnittlauch, Wermut, Fenchelkraut und -früchte, Eberraute, Zwiebeln.

September

Blutwurzelrhizome, Sanddornbeeren, Eßkastanien, Brombeeren, Heidelbeeren, Preiselbeeren, Holunderbeeren, Kornelkirsche, Haselnüsse, Gänseblümchen, Anisfrüchte, Vogelmiere, Spitzwegerich, Bärlauchzwiebeln, Sauerampfer, Berberitzebeeren, Liebstöckelwurzeln, Liebstöckelkraut, Knoblauchzwiebeln, Sellerieblätter, Pfefferminze, Dill, Boretsch, Dost, Wildmöhre, Estragon, Quendel, Petersilie, Petersilienfrüchte, Basilikum, Schafgarbe, Bohnenkraut, Tripmadam, Ebereschenbeeren, Wiesenknopf, Rosmarin, Majoran, Schnittlauch, Wermut, Fenchelkraut und -früchte, Eberraute, Zwiebeln, Koriander.

Oktober

Blutwurzelrhizome, Hagebutten, Moosbeeren, Sanddornbeeren, Schlehen, Weißdornbeeren, Eßkastanien, Brombeeren, Preiselbeeren, Holunderbeeren, Kornelkirsche, Haselnüsse, Gänseblümchen, Vogelmiere, Bärlauchzwiebeln, Berberitzebeeren, Liebstöckelwurzeln, Liebstöckelkraut, Knoblauchzwiebeln, Sellerieknollen, Sellerieblätter, Wildmöhre, Estragon, Petersilie, Petersilienwurzeln, Schafgarbe, Bohnenkraut, Tripmadam, Ebereschenbeeren, Wiesenknopf, Rosmarin, Schnittlauch, Fenchelfrüchte, Eberraute, Meerrettich, Zwiebeln.

November

Sanddornbeeren, Hagebutten, Schlehen Weißdornbeeren, Moosbeeren, Brunnenkresse, Wacholderbeeren, Bitteres Schaumkraut, Vogelmiere, Gänseblümchen, Sellerieblätter, Petersilie, Petersilienwurzel, Tripmadam, Ebereschenbeeren, Meerrettich.

Dezember

Sanddornbeeren, Hagebutten, Schlehen Weißdornbeeren, Wacholderbeeren, Brunnenkresse, Bitteres Schaumkraut, Vogelmiere, Tripmadam, Meerrettich, Sellerieblätter, Petersilie.

Wildgemüse,
Wildfrüchte,
Würzkräuter
von A–Z

Anis, Süßer Kümmel (*Pimpinella anisum*)

Einjährige, 30 bis 50 cm hohe Pflanze. Stengel stielrund, längsgerillt, oben ästig. Wurzel dünn, spindelförmig. Grundblätter gestielt, herzförmig-rundlich, ungeteilt, mittlere Laubblätter dreilappig, die oberen fiederspaltig. Blüten klein, weiß, in flachen Dolden.

Blütezeit: Juli–August. Spaltfrüchte eirund bis länglich, reif grau-bräunlich, Teilfrüchte meist zusammenhängend. Geruch und Geschmack würzig-süßlich.

Standort: Nur selten verwildert, meist kultiviert. Im Garten Ende März bis Anfang April aussäen.

Sammelzeit: Früchte von Juli bis August. Dolden vor der Vollreife ernten. Nachreifen lassen. Früchte abrebeln. Gut austrocknen lassen.

Verwertung: Anisfrüchte enthalten viel ätherisches Öl, fettes Öl, Zucker und Mineralsalze.

Altbewährtes krampflösendes und blähungstreibendes Mittel bei Magen-Darm-Koliken. Beliebter Hustentee.

Als Gewürz zu Backwaren, in der Süßwarenindustrie, zu Kompotten, Gemüsen und Aufläufen. In der Likörindustrie.

Anis-Plätzchen

4 große Eier
250 g Puderzucker
1 Päckchen Vanillinzucker
400 g Mehl
2 Eßlöffel Anis gemahlen

Eigelb mit Puderzucker und Vanillinzucker weißschaumig rühren. Eiweiß steif schlagen und unter-
ziehen. Mehl und Anis auf die Eimasse sieben und
unterheben. Den Teig in eine Spritztülle füllen.
Auf ein gefettetes, bemehltes Backblech kleine
Häufchen spritzen. Über Nacht in einem warmen
Raum trocknen lassen. Bei 160°C ca. 30 Minuten
hellgelb backen.

Anis-Tee

1 Teelöffel zerdrückten Anis mit ¼ Liter kochendem Wasser übergießen. 10 Minuten ziehen lassen.
Abseihen. Mit Honig oder Kandiszucker gesüßt bei
Husten 2- bis 4mal täglich 1 Tasse. Bei Blähungen
dieselbe Menge ungesüßt trinken.

Anis-Brot

350 g Mehl
⅛ l Milch
15 g Hefe
50 g Zucker
65 g Butter
1 Ei
1 Prise Salz
1 gestrichener Eßlöffel Anis, ganz
1 Eigelb zum Bestreichen
Hagelzucker zum Bestreuen

Mehl in eine Schüssel geben. Hefe in ⅛ l lauwarmer
Milch auflösen. Im Mehl eine Vertiefung drücken
und darin mit der Milch einen Vorteig rühren. Im
Backofen bei 50°C gehen lassen, bis er sich verdoppelt hat. Danach Zucker, sehr weiche Butter, Ei, Salz
und Anis zugeben und einen geschmeidigen Teig
kneten. Diesen noch einmal bei 50°C 30 Minuten
gehen lassen. Zu einem Laib formen. Auf ein gefettetes Blech legen. Mit Eigelb bestreichen und Hagelzucker bestreuen. Oberfläche längs einschneiden.
Bei 200°C ca. 40 Minuten backen.

Bärlauch, Waldknoblauch, Zigeunerzwiebel (Allium ursinum)

20 bis 40 cm hohe, ausdauernde Pflanze mit schlanker Zwiebel. Die beiden grundständigen Blätter sind langgestielt, breit lanzettlich, streifennervig. Stengel blattlos, stumpf dreikantig. Blüten reinweiß, in reichblütiger Scheindolde, vor dem Aufblühen von einem hellgrünen, transparenten Hüllblatt umgeben. Ganze Pflanze mit intensivem Lauchgeruch. Blütezeit Ende April bis Juni.

Standort: Schattige Laubwälder, Auwälder, Gebüsche und Schluchten. Liebt feuchte, nährstoffreiche Böden. Oft in dichten Beständen, so daß der ganze Wald nach Lauch duftet.

Sammelzeit: Frische Blätter April bis Mai. Zwiebeln auch nach der Blütezeit bis zum Herbst.

Verwertung: Bärlauch enthält ätherisches Öl, Vitamin C und Mineralstoffe. Das frische Kraut wird in der Volksheilkunde bei Verdauungsstörungen, Arteriosklerose, Bronchitis, Bluthochdruck und bei Hautausschlägen angewandt.

In der Küche finden Blätter und Zwiebeln zu Salaten, Saucen, Suppen, Fleisch- und Quarkspeisen Verwendung.

Lauch-Pizza

Teig:	200 g Mehl
	10 g Hefe
	3 Eßlöffel Öl
	etwas lauwarme Milch
	Salz
Belag:	100 g frische Bärlauchblätter
	75 g geräucherter,
	durchwachsener Speck
	30 g Butter
	4 Eier
	1 Becher saure Sahne
	50 g geriebenen Käse
	Salz, Pfeffer
	1 Messerspitze Kümmel

Teig: Aus Mehl, Hefe, Öl, Milch und Salz einen geschmeidigen Teig kneten, diesen im Backofen bei 50 °C ½ Stunde gehen lassen und dann auf einem gefetteten Blech ½ cm dick auslegen.

Belag: Kleingewürfelten Speck in einer Pfanne anbraten. Bärlauchblätter waschen, 1 cm breit schneiden, mit der Butter zu den Speckwürfeln geben und 5 Minuten dünsten. Eier in einer größeren Schüssel verquirlen, gedünsteten Lauch mit Speckwürfeln, Sahne, Käse und Gewürze zugeben, gut vermengen. Diese Masse auf dem Teig verteilen und im vorgeheizten Backofen bei 200 °C ca. 40 Minuten backen.

Basilikum, Basilienkraut, Deutscher Pfeffer (Ocimum basilicum)

20 bis 50 cm hohe, einjährige Pflanze mit aufrechten, dicht verzweigten Stengeln. Laubblätter gestielt, eiförmig, zugespitzt, ganzrandig oder schwach gezähnt. Blüten weißlich oder rötlich, quirlförmig angeordnet. Blütezeit: Juli bis September. Basilikum riecht stark aromatisch und schmeckt würzig.

Standort: Stammt aus Indien und wird bei uns seit dem Mittelalter kultiviert. Selten verwildert. Aussaat der verschiedenen Sorten April–Mai; Basilikum kann auch in Töpfen gezogen werden.

Sammelzeit: Wenn das Kraut zu blühen beginnt, wird es geschnitten, gebündelt und getrocknet. Blätter abrebeln. Frische Blätter bedarfsweise ernten.

Verwertung: Basilikum enthält ätherisches Öl, Gerbstoff und Saponin. Es wirkt appetitanregend, verdauungsfördernd und blähungstreibend.

Frische und getrocknete Blätter werden als Gewürz vielseitig verwendet zu Salaten, Suppen und Gemüsen. Zu Fleisch- und Fischgerichten. Basilikum ist sehr scharf – sparsam verwenden. Zusammen mit Rosmarin und Salbei ist es Bestandteil verschiedener Gewürzmischungen (Herbes de Provence).

Basilikum-Tomaten

8 große Tomaten
Füllung: 300 g Hackfleisch, gemischt
*   ¹/₂ Zwiebel*
*   2 Eßlöffel Basilikumblätter*
*   2 Eier*
*   1 Eßlöffel Semmelbrösel*
*   Salz, Pfeffer*

Sauce: 0,1 l Sahne
*   1 Eßlöffel Parmesankäse*
*   1 Eßlöffel Basilikumblätter*
*   ¹/₂ Teelöffel Streuwürze*

Tomaten waschen, Oberteil abschneiden, aushöh-
len. Hackfleisch mit gehackter Zwiebel, Eiern,
Semmelbröseln und klein gehackten frischen Basilikumblättern (evtl. 1 Eßlöffel Basilikum getrocknet)
mischen. Mit Salz und Pfeffer würzen. Tomaten mit
der Masse füllen, Oberteil auflegen und in einer feu-
erfesten Form im vorgeheizten Backofen bei 200°C
30 Minuten garen.
Tomateninneres kurz dünsten, Käse und Sahne zugeben, würzen. Sauce durch ein Sieb streichen, gehackte Basilikumblätter unterrühren und zu den
Tomaten geben.

Basilikum-Nudeln

3 Eßlöffel feingehackte Basilikumblätter
350 g Mehl
4 Eier
1 Teelöffel Salz
2 l Salzwasser

Basilikumblätter waschen, sehr fein hacken oder im
Mixer zerkleinern. Aus Mehl, Eiern, 1 Teelöffel Salz
und den Basilikumblättern einen festen, glatten Teig
rühren. Wenn der Teig zu fest ist, ein paar Eßlöffel
Wasser einarbeiten. Den Nudeldrücker füllen und
den Teig in kochendes, leicht gesalzenes Wasser
drücken. Sobald die Nudeln oben schwimmen, mit
einem Sieb herausnehmen, mit kaltem Wasser über-
brausen und zum Trocknen auslegen.
Nach Geschmack können die Basilikum-Nudeln
kurz in heißer Butter gewendet werden.

Beifuß, Besenkraut, Wilder Wermut, Gänsekraut (Artemisia vulgaris)

Ausdauernde, reich verzweigte Staude ohne wintergrüne Rosette. Stengel bis 1,5 m hoch, aufrecht, bräunlich oder rötlich überlaufen. Wurzel sehr verästelt, ohne Ausläufer. Laubblätter fiederteilig, oberseits kahl, dunkelgrün, unterseits weißfilzig. Geruch aromatisch-herb. Blütenköpfchen bräunlichgelb, klein, in traubenartigen Rispen. Blütezeit: Juli bis September.

Standort: Häufig an Wegen, Schuttplätzen, Waldrändern, Bahndämmen, in Unkrautfluren und auf Ödland.

Sammelzeit: Von Juli bis August. Obere Triebe abschneiden, bevor sich die Blütenknospen öffnen. In kleinen Büscheln zum Trocknen aufhängen. Möglichst keine Blätter mit abrebeln, sie schmecken bitter.

Verwertung: Beifuß enthält ätherisches Öl und Bitterstoffe. Er wirkt appetitanregend und verdauungsfördernd.

Die abgerebelten Blütenknospen sind als verdauungsanregendes Gewürz zu fetten Braten (Ente, Gans, Schwein und Hammel) geschätzt. In kleinen Mengen zu Kohl- und Pilzgerichten.

Berberitze, Sauerdorn (Berberis vulgaris)

1 bis 3 m hoher, winterkahler Strauch mit dreiteiligen Dornen an den Zweigen. Blätter elliptisch, grannig gezähnt, kurz gestielt, in Büscheln. Blüten gelb, in ca. 5 cm langen, hängenden, vielblütigen Trauben, mit intensivem Geruch. Blütezeit: Mai–Juni. Beeren etwa 1 cm lang, walzenförmig, rot, mit sehr saurem Geschmack.

Standort: In trockenen Gebüschen, Waldrändern und lichten Kiefernwäldern auf kalkreichen Böden.

Sammelzeit: Die Beeren reifen von August bis September und können bis zum Oktober geerntet werden.

Verwertung: Die Früchte enthalten viel Vitamin C, Fruchtsäuren, Zucker und Mineralstoffe.

Die vitaminreichen Beeren zur Bereitung von Sirup, Marmeladen und Saft. Sie eignen sich gut zum Mischen mit anderen Früchten, die wenig Säure haben. Sie können auch getrocknet werden.

Früher wurde der im Holz und in den Wurzeln enthaltene Farbstoff zum Gelbfärben verwendet.

Bemerkung: Die Blätter und besonders die Wurzelrinde sind giftig! Der Strauch ist Zwischenwirt des Getreiderostes und wurde stellenweise fast ausgerottet.

Bitteres Schaumkraut, Bitterkresse, Wildkresse (Cardamine amara)

Ausdauernd, 10 bis 60 cm hoch, Stengel markig, kantig, am Grund niederliegend, mit Ausläufern. Grundblätter nicht rosettig, gestielt, unpaarig gefiedert. Stengelblätter erreichen den Blütenstand, kurz gestielt, fiederschnittig. Blüten weiß, oft etwas rötlich überlaufen, in 10- bis 20blütigen Trauben. Staubbeutel purpurviolett. Blütezeit Mai bis Juli.

Standort: Meist gesellig in klaren Bächen, an sumpfigen Stellen, in Gräben, Bruch- und Auwäldern. Liebt nährstoffreiche Böden, kann jährlich am gleichen Standort gesammelt werden.

Sammelzeit: März–Mai und November–Dezember. Nur Pflanzen aus sauberen Gewässern ernten. Frische Triebe mit den Blättern abschneiden. In Wasser aufbewahren.

Verwertung: Bitteres Schaumkraut enthält viel Vitamin C und andere Vitamine, Bitterstoff und ein Senfölglykosid. Es schmeckt würzig-kresseartig und wird frisch bei Stoffwechselstörungen, Hautkrankheiten, Husten, Rheuma und Gicht verwendet. Zu Frühjahrskuren.

In der Küche zu Wildsalaten, Saucen und zum Garnieren.

Bemerkung: Nicht im Übermaß genießen (wirkt nierenreizend).

Kartoffel-Salat mit Wildkresse

50 g Bitteres Schaumkraut
oder Brunnenkresse
400 g gekochte Kartoffeln (feste Sorte)
1 Zwiebel
3 Eßlöffel Essig
3 Eßlöffel Öl
2 Eßlöffel heiße Fleischbrühe
Salz, Pfeffer
1 Prise Zucker

Die handwarmen Kartoffeln schälen, in sehr dünne Scheibchen schneiden und mit der kleingehackten Zwiebel, Essig, Öl, Fleischbrühe, Salz, Pfeffer und Zucker gut mischen. Wildkresse waschen, große Stiele entfernen, auf dem Kartoffelsalat verteilen oder nach Belieben unter den Salat mischen.

Wildkresse mit Edelpilzkäse

4 Eßlöffel gehacktes Bitteres Schaumkraut
oder Brunnenkresse
80 g Edelpilzkäse
50 g Walnußkerne
0,2 l Sahne

Wildkresse vor dem Zubereiten sorgfältig waschen. Wurzeln und grobe Stengel entfernen. Käse mit einer Gabel zerdrücken, Walnüsse grob hacken. Sahne steif schlagen. Alle Zutaten mit der kleingehackten Wildkresse in einer Schüssel vermengen. Den Brotaufstrich mit Walnußkernen und ganzen Kresseblättern garnieren.

Mit verschiedenen Brotsorten servieren.

Blutwurz, Aufrechtes Fingerkraut, Ruhrwurz, Rotwurz (Potentilla erecta)

Die dünnen Stengel der Blutwurz sind niederliegend bis aufsteigend, nie wurzelnd. Die Grundblätter sind dreizählig, die handförmig geteilten Stengelblätter fünfzählig. Die gelben Blüten erscheinen einzeln an kurzen Stengeln in den Blattachseln. Sie haben nur 4 Blütenblätter.

Blütezeit: Sommer bis Herbst.

Standort: Die Blutwurz ist weit verbreitet. Man findet sie auf mageren, grasigen Waldwegen, in Laub- und Nadelwäldern, auf nassen, aber auch trockenen Wiesen, auf Heiden und in Mooren. Sie zeigt zumindest oberflächlich saure Böden an.

Sammelzeit: Die knolligen, 2–10 cm langen und bis 2 cm dicken Wurzelstöcke werden im Herbst gesammelt, gut gereinigt, kleingeschnitten und getrocknet. Sie schmecken bitter und stark zusammenziehend. Im Schnitt färben sie sich rötlich.

Verwertung: Die Wurzelstöcke enthalten Gerbstoffe, die den Magen nicht reizen, und Tormentillrot. Als Gurgelmittel bei Entzündungen im Mund und Rachen. Innerlich bei akuten und chronischen Durchfällen und Blähungen. Bei Frostbeulen, Hämorrhoiden, Entzündungen und Hautgeschwüren.

Blutwurzel-Tee

1 Eßlöffel fein geschnittene Blutwurzeln werden mit ¼ Liter Wasser etwa 10 Minuten gekocht. Abseihen. Bei Durchfall trinkt man 3mal täglich 1 Tasse schluckweise.
Der Tee kann auch als Gurgelmittel oder zu Spülungen bei Entzündungen im Mund und Rachenraum verwendet werden. Häufig spülen oder gurgeln!

Blutwurzel-Wein

70 g Blutwurzeln, getrocknet
1 l Rotwein
Die fein geschnittenen Blutwurzeln mit 1 l Rotwein oder Portwein ansetzen. Etwa 10 Tage kühl stellen. Gelegentlich schütteln. Danach wird der Ansatz filtriert. Bei Bedarf trinkt man 2mal täglich ein kleines Gläschen.

Blutwurzel-Schnaps

20 g Blutwurzeln, getrocknet
500 ml Obstwasser oder Korn, ca. 35 %
Die fein geschnittenen Blutwurzeln etwa vier Wochen bei Zimmertemperatur in Alkohol legen. Die Flasche wird gut verschlossen und gelegentlich durchgeschüttelt. Danach wird der Ansatz filtriert. Blutwurzel-Schnaps schmeckt ziemlich bitter und zusammenziehend. Nach Geschmack kann er mit ein paar Teelöffeln Zucker gesüßt werden. Von diesem magenstärkenden Mittel trinkt man täglich ein Schnapsgläschen nach dem Essen.

Bohnenkraut, Pfefferkraut, Wurstkraut
(Satureja hortensis)

Einjährige, 20 bis 40 cm hohe, aufrechte Pflanze. Stengel rundlich, behaart, buschig verzweigt. Laubblätter gegenständig, schmal, lineal-lanzettlich, 1 bis 4 cm lang, ganzrandig. Blüten klein, lila bis weiß, stehen in den Blattachseln.

Blütezeit: Juli bis Oktober. Das Kraut riecht stark würzig und schmeckt aromatisch bitter.

Standort: Stammt aus dem östlichen Mittelmeergebiet, häufig als Würzkraut kultiviert, im April aussäen, kann auch in Töpfen gezogen werden. Gelegentlich verwildert.

Sammelzeit: Für den Frischverbrauch können junge Triebe während der ganzen Vegetationsperiode gesammelt werden. Zum Trocknen wird das Kraut während der Blütezeit abgeschnitten, gebündelt oder flach ausgelegt.

Verwertung: Bohnenkraut enthält ätherisches Öl und Gerbstoff. Als Tee zur Appetitanregung und Förderung der Verdauung. Blähungstreibend. Bei Durchfallerkrankungen.

Als Gewürz zu Bohnengerichten, Eintöpfen, Kartoffeln, fetten Braten und in verschiedenen Wurstsorten. Bestandteil der „Herbes de Provence".

Boretsch, Gurkenkraut, Blauhimmelstern
(Borago officinalis)

Einjährige, 50 bis 80 cm hohe Pflanze mit kräftiger Blattrosette. Stengel aufrecht, ästig, hohl, saftig, dicht rauhhaarig. Laubblätter wechselständig bis 12 cm lang, länglich-eiförmig, beidseitig borstig behaart, untere Blätter deutlich gestielt. Geruch und Geschmack schwach gurkenähnlich. Blüten blau, selten weiß, an Stielchen, abstehend bis nickend.
Blütezeit: Juni bis September.
Standort: Im ganzen Mittelmeergebiet verbreitet. Bei uns als Küchengewürz kultiviert. Aussaat April–Mai. An Schuttstellen verwildert.

Sammelzeit: Frisches Kraut von Mai bis September.
Verwertung: Die Blätter enthalten Schleim, Stärke, Gerbstoff und Mineralstoffe. In der Volksheilkunde gegen Nervosität, bei Husten und Halserkrankungen. Bei Rheuma und Nierenentzündung.
In der Küche werden die frischen Blätter als Gewürz zu Salaten, Saucen, Käse und Spinatgerichten verwendet. Außerdem zum Einlegen von Gurken. Die attraktiven Blüten zum Garnieren und zum Färben von Kräuteressig. Boretschblätter eignen sich gut zum Einfrieren.

Brennessel, Große Brennessel, Haarnessel, Hanfnessel (Urtica dioica)

30 bis 150 cm hohe Ruderalpflanze. Stengel aufrecht, vierkantig, mit kurzen Borstenhaaren und Brennhaaren besetzt. Laubblätter graugrün, Rand grob gesägt, mit Brennhaaren besetzt, gekreuzt-gegenständig stehend. Blütenrispen blaßgrün, hängend, länger als die Blattstiele. Pflanze zweihäusig. Blütezeit: Juni–September.

Standort: Verbreitet auf Schuttplätzen, an Weg- und Waldrändern, Flußufern, Weideplätzen.

Sammelzeit: Junge Triebe März–Mai, das Kraut zum Trocknen Juni–August. Beim Sammeln Handschuhe tragen.

Verwertung: Brennesselkraut enthält verschiedene Vitamine, Gerbstoffe, Mineralsalze, Eisen und Chlorophyll. Als Blutreinigungstee zu Frühjahrskuren, bei Blasen- und Nierenleiden, Gicht und Rheuma. Zu Umschlägen bei Hautleiden. Kosmetisch als Brennessel-Haarwasser.

Junge Blätter sind als vitaminreiches Frühjahrsgemüse geschätzt.

Bemerkung: Beim Kochen der jungen Triebe wird das Nesselgift in den Brennhaaren zerstört.

Die **Kleine Brennessel** *(Urtica urens)* ist gleichwertig.

Brennessel-Suppe

200 g frische Brennesselblätter
1 1/4 l Wasser
50 g Butter
1 kleine Zwiebel
2 Knoblauchzehen
2 Eßlöffel Mehl
1 Teel. Streuwürze
Salz, Pfeffer, Muskat
2 Eßlöffel Sahne
2 Scheiben Weißbrot

Brennesselblätter waschen, kurz in kochendes Wasser geben (blanchieren), abgießen, Kochwasser auffangen, die zusammengefallenen Brennesselblätter kleinhacken. Zwiebel und Knoblauchzehen sehr klein schneiden. In 30 g Butter glasig dünsten, Mehl darüberstäuben und mit dem Kochwasser ablöschen. Die Suppe mit Streuwürze, Salz, Pfeffer und Muskat würzen, noch ca. 3 Minuten durchkochen, dann mit Sahne verfeinern.
Weißbrot in kleine Würfel schneiden, in der restlichen Butter rösten, heiß auf die Suppe geben.

Brennesselgemüse mit Fisch und Pilzen überbacken

400 g frische Brennesselblätter
375 g Goldbarschfilet
200 g Zuchtchampignons oder Wildpilze
1 Zitrone
30 g Butter
Salz, Pfeffer, Muskat
0,2 l Sahne
1 gestr. Eßlöffel Speisestärke
1 kleine Zwiebel

Brennesselblätter waschen, kurz in 1 1/2 l kochendes Wasser geben (blanchieren), abgießen, die zusammengefallenen Brennesselblätter kleinhacken. Eine feuerfeste Form mit Butter ausstreichen, gehackte Brennesseln einfüllen, mit Salz, Pfeffer und Muskat gut würzen. Speisestärke mit Sahne verrühren, übergießen. Fischfilet mit dem Saft einer halben Zitrone beträufeln, salzen, pfeffern und auf das Brennesselgemüse legen. Pilze und Zwiebel schneiden, auf dem Fisch verteilen, restliche Butter in Flöckchen auflegen. Im vorgeheizten Backofen bei 200 °C ca. 40 Minuten backen.
Mit Zitronenscheiben garnieren.

35

Brennesselgemüse

500 g frische Brennesselblätter
125 g geräucherter, durchwachsener Speck
1¹/₂ l Wasser
Salz, Pfeffer
1 Teelöffel Streuwürze
1 Messerspitze Muskat
1 Messerspitze Knoblauchpulver
0,1 l Milch
2 gestrichene Eßlöffel Speisestärke
3 Eßlöffel saure Sahne

Brennesselblätter waschen, kurz in kochendes Wasser geben (blanchieren), abgießen, Kochwasser auffangen, die zusammengefallenen Brennesselblätter kleinhacken. Gewürfelten Speck anbraten, ¹/₂ l Kochwasser aufgießen, gehackte Brennessel zugeben. Würzen. Das Gemüse ca. 5 Minuten gut durchkochen. Milch mit Speisestärke verrühren, andicken. Mit saurer Sahne verfeinern. – Dazu passen Spiegeleier.

Kräutertaschen

400 g tiefgekühlter Blätterteig
50 g frische Brennesselblätter
20 g frische Bärlauchblätter oder andere Kräuter
¹/₂ l Wasser zum Blanchieren
50 g gekochter Schinken
3 Eßlöffel Parmesankäse
1 Teelöffel Speisestärke
3 Eßlöffel Sahne
1 Ei
Salz, Pfeffer

Brennessel- und Bärlauchblätter waschen, kurz in ¹/₂ l Wasser blanchieren, abgießen, die zusammengefallenen Blätter grob hacken. Mit kleingeschnittenem Schinken, Käse, Sahne und Speisestärke mischen. Salzen und pfeffern.
Aufgetauten Blätterteig in 10 × 10 cm große Quadrate schneiden, aus dem Rest kleine, runde Kreise ausstechen. Füllung auf den Teig verteilen, Ecken umschlagen, Teigkreise mit Eiweiß bestreichen, auflegen, fest andrücken, Teigtaschen mit Eigelb bestreichen. Im vorgeheizten Backofen bei 225°C ca. 20 Minuten backen.

Brombeere, Kroatzbeere, Braunbeere
(Rubus fruticosus)

0,5 bis 2 m hoher, häufig immergrüner Strauch. Stengel bogig überhängend, auch kriechend, kantig, stark stachelig. Laubblätter dunkelgrün, drei- bis fünfzählig, handförmig geteilt, scharf gesägt. Endblättchen lang gestielt. Blüten an vorjährigen Trieben, weiß oder schwach rosa in reichblütigen Rispen. Blütezeit: Mai–August. Formenreiche Sammelart. Die Früchte der meisten Arten schmecken gut. Botanisch sind es Sammelfrüchte.

Standort: Verbreitet in Wäldern, Hecken, Waldschlägen und an Waldrändern. Liebt nährstoffreichen Boden.

Sammelzeit: Junge Blätter während der Blütezeit von Mai bis August. Brombeeren reifen von August bis Oktober.

Verwertung: Tee aus Blättern wirkt zusammenziehend. Bei Durchfall, zum Gurgeln bei Entzündungen der Mund- und Rachenhöhle. Beliebter Haustee. Brombeeren enthalten Vitamin C und andere Vitamine, Fruchtsäuren und Pektin. Vollreife, glänzend schwarze Beeren werden zur Gewinnung von Saft, Marmelade und Brombeerwein gesammelt.

Brombeer-Kuchen

Teig: 200 g Mehl
90 g Zucker
90 g Butter
3 Eidotter
1 Päckchen Vanillinzucker
1 Messerspitze Backpulver
1 Prise Salz
Belag: 500 g Brombeeren
100 g feingemahlene Mandeln
6 Eiweiß
175 g Puderzucker

Aus Mehl, Zucker, Butter, Eidotter, Vanillinzucker, Backpulver und Salz einen mürben Teig kneten. Eine Backform mit 26 cm Durchmesser einfetten, den Teig ausdrücken und im vorgeheizten Backofen bei 200°C 10 Minuten vorbacken. Inzwischen Eiweiß mit Puderzucker steif schlagen. Gemahlene Mandeln auf dem vorgebackenen Kuchenboden verteilen, darauf die Brombeeren geben, obenauf den Eischnee verteilen. Den Kuchen bei 200°C ca. 70 Minuten backen.

Brombeer-Törtchen

Teig: 140 g Mehl
50 g gemahlene Haselnüsse
50 g Butter
50 g Zucker
1 Ei
1 Prise Salz
Belag: 300 g Brombeeren
2 Eßlöffel Puderzucker
2 Gläschen Kirschwasser
0,2 l Sahne
1 Päckchen Vanillinzucker

Aus Mehl, gemahlenen Haselnüssen, Butter, Ei, Zucker und Salz einen Teig kneten. 1 Stunde kalt stellen. Dann den Teig ½ cm dick auswellen und gefettete Tortenförmchen damit auslegen. Mit einer Gabel den Teig mehrmals einstechen und bei 200°C ca. 30 Minuten backen. Brombeeren mit Kirschwasser beträufeln, Puderzucker zugeben, ziehen lassen. Sahne mit Vanillinzucker steif schlagen, die Törtchen damit füllen und mit Brombeeren belegen.

Brombeer-Crêpes

100 g Mehl
3 Eier
1 Prise Salz
¹/₄ l Milch
40 g Butter zum Ausbacken
6 Eßlöffel Brombeergelee
250 g Brombeeren
2 Eßlöffel Puderzucker
1 Gläschen Rum

Brombeeren verlesen, mit 1 Gläschen Rum beträufeln und mit Puderzucker bestäuben. Ziehen lassen, bis die Crêpes ausgebacken sind.
Mehl in eine Schüssel sieben. Mit Eiern, Salz und Milch zu einem dünnen Teig rühren. Crêpes in einer Pfanne mit wenig Butter ausbacken. Die Zutaten ergeben 6 Stück. Heiße Crêpes mit Brombeergelee bestreichen und aufrollen. In eine vorgewärmte feuerfeste Form legen und die Brombeeren darauf verteilen.

Brombeer-Marmelade

1 kg Brombeeren
1 kg Zucker

225 g Opekta

Früchte verlesen, nicht waschen, zu Fruchtmus zerdrücken und mit dem Zucker mischen. Unter Rühren 10 Minuten kochen. Dann Opekta zugeben. Noch einmal kurz aufkochen. Heiß in Gläser füllen.

Brombeer-Saft

Gewinnt man am besten mit dem Dampfentsafter. Beeren nicht waschen. Zu 5 kg Früchten gibt man 500 g Zucker. Saft heiß in Flaschen füllen. Sofort mit vorher ausgekochten Verschlüssen verschließen.

Brombeerblätter-Tee (fermentiert)

Junge Brombeerblätter im Schatten 24 Stunden welken lassen. Leicht mit Wasser bespritzen und in einen Kunststoffbeutel pressen. Gut beschweren. Bei 30°C 3 Tage fermentieren. Danach herausnehmen, trocknen und kleinschneiden. Duft und Geschmack sind dem Schwarztee ähnlich.
2 Teelöffel mit ¹/₄ l kochendem Wasser übergießen. 10 Minuten ziehen lassen. Abseihen. Süßen. Nach Belieben Zitrone zugeben.

Brunnenkresse, Wasserkresse (Nasturtium officinale)

Ausdauernde, 30 bis 90 cm lange Pflanze. Stiel am Grund kriechend, reichlich bewurzelt, hohl. Laubblätter dunkelgrün, etwas fleischig, unpaarig gefiedert. Teilblättchen eiförmig. Blüten weiß, in trugdoldigen Trauben. Staubblätter gelb. Blütezeit: Mai bis August.

Standort: Verbreitet, meist gesellig in Quellen, Bächen und Gräben mit sauberem, fließendem Wasser. Selten angebaut. Vermehrung durch Stecklinge.

Sammelzeit: März–Mai und November–Dezember. Frische Triebe mit den Blättern abschneiden. In Wasser aufbewahren.

Verwertung: Brunnenkresse enthält verschiedene Vitamine, ätherisches Öl, Bitterstoff, Jod und ein Senfölglykosid. Sie schmeckt würzig-kresseartig und wird frisch als harntreibendes, blutreinigendes, schleimlösendes Mittel verwendet. Zu Frühjahrskuren.

In der Küche zu Wildsalaten, Saucen und zum Garnieren.

Bemerkung: Nicht im Übermaß genießen.

Die **Gartenkresse** *(Lepidium sativum)* wird als Würzkraut wie Brunnenkresse verwendet. Sie läßt sich leicht in Töpfen ziehen.

Kräuterquark in Schinkenrollen

8 Scheiben Schinken
200 g Quark
0,1 l Sahne
1 Handvoll Kräuter
1 kleine Knoblauchzehe
Salz, Pfeffer

In diesen Kräuterquark geben Sie nach Geschmack frische Kräuter, die gerade zur Verfügung stehen: Brunnenkresse, Schnittlauch, Bitteres Schaumkraut, Liebstöckelblätter, Sauerampfer, Petersilie u. a.
Den Quark mit den kleingehackten Kräutern und der zerdrückten Knoblauchzehe mischen. Nach Geschmack salzen und pfeffern. Sahne steif schlagen, unter den Quark heben. Je 2 Schinkenscheiben aufrollen und mit Kräuterquark füllen.

Brunnenkresse-Suppe

3 Eßlöffel Brunnenkresse
oder ähnliche Kräuter
4 Eier
10 g Butter
1 l Wasser
2 Teelöffel Streuwürze
Salz, Pfeffer, Muskat
4 Scheiben Toastbrot
25 g geriebener Käse

Brunnenkresse waschen und kleinhacken. Die verquirlten Eier mit der kleingehackten Kresse mischen, salzen und mit Muskat und Pfeffer würzen. Daraus in Butter ein dickes Omelett backen, etwas abkühlen lassen, in kleine Würfel schneiden und in Suppentassen verteilen. Wasser mit Streuwürze aufkochen und die Brühe über die Omelett-Würfel gießen. Getoastetes Brot auf die Suppe legen, mit Käse bestreuen.

Dill, Gurkenkraut (*Anethum graveolens*)

50 bis 120 cm hohe, einjährige Pflanze. Wurzel dünn, spindelförmig. Stengel rund, fein gestreift, hohl. Laubblätter 2- bis 4fach fiederteilig, fadenförmig, bläulich bereift. Blattscheiden stengelumfassend. Blüten gelb, klein, in zusammengesetzter Dolde. Blütezeit: Juli–August. Früchte 3–5 mm breit, oval. Dill erinnert an Fenchel, riecht aber stark aromatisch und nicht süßlich.

Standort: Angebaut in Kräutergärten, Aussaat ab April, auch in Töpfe. An warmen Plätzen häufig verwildert.

Sammelzeit: Frische Blätter von Juni bis September. Samen vor der Vollreife. Dolden abschneiden, zum Trocknen aufhängen, abrebeln.

Verwertung: Dillfrüchte enthalten ätherisches Öl und werden in der Volksheilkunde als krampf- und blähungslinderndes Magenmittel verwendet.

Frisches Kraut als Gewürz zu Saucen und Salaten, hartgekochten Eiern, zu Fisch- und Fleischgerichten. Ganze Pflanzen getrocknet mit den Früchten zum Einlegen von Gurken und zum Bereiten von Kräuteressig. In der Likörindustrie. Dill eignet sich gut zum Einfrieren und Trocknen.

Dill-Eier

4 hartgekochte Eier
1 Bund Dill (1 Handvoll)
1 Sardellenfilet oder 1 Teelöffel Sardellenpaste
20 g Butter
4 Eßlöffel Sahne
Salz, Pfeffer

Die hartgekochten Eier schälen und längs halbieren. Eidotter herausnehmen, zerdrücken und mit gehacktem Dill, feingeschnittenem Sardellenfilet, weicher Butter und Sahne mischen. Salzen und pfeffern. Die Masse in die Eihälften füllen und mit dem restlichen Dill bestreuen. Mit Dillzweiglein garnieren.

Aal in Dillsauce

1 kg Aal
1 Bund Dill (1 Handvoll)
1 Zwiebel
¹/₈ l Weißwein (trocken)
¹/₈ l Wasser
2 Zitronen
1 Teelöffel Streuwürze
1 Eßlöffel Speisestärke
0,1 l Sahne
Salz, Pfeffer

Den Aal in 3 cm breite Stücke schneiden. Mit dem Saft einer Zitrone beträufeln, salzen und pfeffern. Die Aalstücke in eine feuerfeste Form legen, gehackte Zwiebel und die Hälfte des feingehackten Dills darüberstreuen. Mit Weißwein und Wasser begießen. Im Backofen bei 200°C ca. 30 Minuten garen. Speisestärke mit der Sahne mischen und mit dem restlichen gehackten Dill und der Streuwürze in den Fischsud rühren. – Das Gericht mit den Scheiben einer Zitrone und einigen Dillzweiglein garnieren.

Dost, Oregano, Wilder Majoran, Echter Dost (Origanum vulgare)

20 bis 60 cm hohe, ausdauernde Staude. Stengel aufrecht, kantig, behaart, im oberen Teil braunrot und verzweigt. Laubblätter gestielt, gegenständig, eiförmig, spitz, schwach behaart. Hochblätter meist sitzend. Blüten hell- oder purpurrot in Doldenrispen. Blütezeit: Juli bis Oktober. Die ganze Pflanze hat einen würzigen Geruch.

Standort: Verbreitet auf trockenen Wiesen, an sonnigen Wald- und Heckenrändern, in lichten Trockenwäldern.

Sammelzeit: Während der Blütezeit von Juli bis September. Stengel zum Trocknen aufhängen. Abrebeln. Bei langer Lagerung verliert er sein Aroma.

Verwertung: Dost enthält ätherisches Öl, Gerb- und Bitterstoff. Als verdauungsfördernder, appetitanregender Tee bei Magen- und Darmstörungen. Bei Bronchialkatarrh, Husten und Asthma. **Dost-Tee:** 1 Eßlöffel getrocknetes Kraut mit 1/4 l kochendem Wasser übergießen. 10 Minuten ziehen lassen.

Zu Kräuterkissen und als Badezusatz.

Als Würzkraut zu Fleischgerichten, Gemüse, Suppen und Salaten. Spezialgewürz zu Pizza und Tomatensauce.

Pizza „Oregano"

Teig: *200 g Mehl*
10 g Hefe
4 Eßlöffel Öl
0,1 l Milch
Salz

Belag: *125 g Pfeffersalami*
3 große Tomaten
30 g Parmesankäse gerieben
3 Sardellenfilets
6 Oliven
Salz, Pfeffer
eine kleine Handvoll Dostblüten

Aus Mehl, Hefe, Öl, lauwarmer Milch und Salz einen weichen Teig kneten. Diesen auf einem gefetteten Blech ca. ½ cm dick auslegen. Dünn geschnittene Salami-Scheiben, in Scheiben geschnittene Tomaten, kleingeteilte Sardellenfilets und Oliven auf dem Teig verteilen. Mit Salz und Pfeffer würzen. Kleingeschnittene Dostblüten darauf verteilen. Mit Parmesankäse bestreuen. Im vorgeheizten Backofen bei 200°C ca. 45 Minuten backen.

Kräuter-Suppe

1 Handvoll Kräuter (Dost, Sellerie, Petersilie, Lieb-
stöckel)
3 Eßlöffel geraspelte Wurzeln der Wilden Möhre
2 große Kartoffeln
¾ l Wasser
2 Teelöffel Streuwürze
2 Eßlöffel Grieß
Salz

Kräuter waschen und kleinhacken. Wurzeln der Wilden Möhre unter fließendem Wasser abbürsten, dann die Pfahlwurzeln abraspeln. Rohe Kartoffeln waschen, schälen und kleinwürfeln. Wasser mit Streuwürze zum Kochen bringen. Kräuter, Wilde Möhren und Kartoffeln zugeben und 10 Minuten kochen. Dann Grieß einstreuen, 5 Minuten weiterkochen. Die Suppe mit Salz abschmecken und mit kleingeschnittenem Dost bestreuen.

Eberesche, Vogelbeere, Drosselbeere
(Sorbus aucuparia)

5 bis 15 m hoher Strauch oder Baum mit lichter Krone. Blätter unpaarig gefiedert mit 9 bis 19 gezähnten, spitzen Fiederblättchen. Blüten in vielblütigen Doldenrispen. Blütezeit: April–Mai. Früchte kugelig, orangerot mit sehr bitterem Geschmack.
Standort: Verbreitet in Wäldern, an Waldrändern, als Allee- und Zierbaum angepflanzt.
Sammelzeit: Ab August bis nach dem ersten Frost, der die Früchte weich und etwas milder macht.
Verwertung: Die Früchte enthalten Vitamine, Gerbstoff und organische Säuren.

Die Beeren der **Süßen Vogelbeere (Mährischen Vogelbeere)** schmecken mild und eignen sich für Marmelade, Gelee, Fruchtsaft, Wein und Kompott.
Eine apart schmeckende **Ebereschen-Marmelade** wird so bereitet: 250 g Frühäpfel und 250 g grüne Tomaten klein schneiden, in wenig Wasser weichkochen, durch ein Sieb passieren. Dieses Mus mit 800 g süßen und 200 g herben Ebereschenbeeren mit 1,5 kg Zucker mischen, ca. 25 Minuten kochen. Je 1 Teelöffel gemahlenen Zimt und Nelken kurz mitkochen.

Eberraute, Eberreis, Zitronenkraut (Artemisia abrotanum)

50 bis 120 cm hoher Halbstrauch mit kräftigem Wurzelstock. Stengel aufrecht, oben rispenartig verzweigt. Laubblätter 1–2fach fiederteilig mit fast fädeligen Zipfeln, Oberseite kahl, dunkelgrün, Unterseite filzig behaart, mit aromatischem, zitronenartigem Geruch. Blüten unscheinbar, gelblich, in stark beblätterten Rispen. Blütezeit: Juli–Oktober.

Standort: Wahrscheinlich schon vor dem 10. Jahrhundert aus Vorderasien als Heilpflanze eingeführt. Vermehrung im Frühjahr durch Stockteilung. Nur selten verwildert.

Sammelzeit: Die frischen Triebe der Eberraute können während der ganzen Vegetationszeit geerntet werden. Haupternte während der Blütezeit von Juli bis Oktober. Triebspitzen abschneiden, bündeln, trocknen und abrebeln.

Verwertung: Eberraute enthält ätherisches Öl, Bitterstoff, Gerbstoff und ein Alkaloid (Abrotin). In der Volksheilkunde wie Wermut als appetitanregendes, magenstärkendes und verdauungsförderndes Mittel.

Als Gewürz zu fetten Braten und Saucen.

Edelkastanie, Eßkastanie (Castanea sativa)

Bis 30 m hoher, winterkahler Baum, wächst auch strauchartig. Laubblätter 10 bis 20 cm lang, lederartig, kahl, lanzettlich zugespitzt, Rand stachelspitzig gesägt. Männliche Blütenkätzchen 10 bis 20 cm lang, gelblich, in aufrechten Knäueln. Weibliche Blüten unscheinbar.

Blütezeit: Juni. Die Früchte (Maronen) reifen in stacheligen Fruchtbechern.

Standort: In Mitteleuropa in Gebieten mit mildem Klima auf kalkfreien Böden. Verbreitet im ganzen Mittelmeergebiet. In den Südalpen ausgedehnte Wälder (Tessin).

Sammelzeit: Eßkastanien sammelt man im September–Oktober.

Verwertung: Die Früchte enthalten viel Stärke (49%), aber wenig Eiweiß und Fett. Sie waren früher Grundnahrungsmittel der Bergbauern. Fladen aus Kastanienmehl wurden als Brotersatz gegessen. Maronen sind heute als Beilage zu Wild und fetten Fleischgerichten geschätzt. Roh schmecken sie herb. Vor dem Verzehr Früchte kreuzweise einritzen, 15 Minuten kochen, Schale und Haut entfernen. Auf Holzkohle geröstet, lassen sie sich leicht aus der Schale nehmen und haben einen aparten Geschmack.

Poularde mit Maronen

500 g Eßkastanien (Maronen)
1 Poularde (ca. 1,3 kg)
100 g Morcheln oder Champignons
½ l Wasser
3 Eßlöffel Olivenöl
3 Eßlöffel Sojasauce
4 Eßlöffel Sherry
1 Teelöffel Speisestärke
Salz

Edelkastanien waschen, 10 Minuten kochen, Schalen entfernen (siehe Verwertung). Morcheln waschen (enthalten Sand- und Humusreste). Große Pilze teilen. Die Poularde in 4 Teile zerlegen, salzen und in Olivenöl rundum anbraten. Fleischstücke aus der Pfanne nehmen. Maronen und Pilze ca. 5 Minuten im Bratenfond braten. Mit Wasser auffüllen. Sherry, Sojasauce und Fleischstücke dazugeben und das Ganze garkochen. Speisestärke mit wenig Wasser verrühren und die Sauce damit andicken.

Maronen-Püree

500 g Eßkastanien (Maronen)
50 g Butter
4 Eßlöffel Sahne

Eßkastanien waschen, 15 Minuten kochen. Schalen entfernen (siehe Verwertung). Die geschälten Maronen pürieren. Butter schaumig rühren. Abwechselnd pürierte Maronen und Sahne zugeben, cremig rühren. Püree mit gekochten und geschälten Eßkastanien garnieren. – Delikate Beilage zu Gänsebraten und anderen fetten Fleischgerichten.

Estragon, Bertram, Schlangenkraut (Artemisia dracunculus)

0,6 bis 1,5 m hohe, mehrjährige Pflanze mit kräftigem Wurzelwerk. Stengel krautig, aufrecht, buschig verzweigt. Laubblätter hellgrün, lineal bis lanzettlich, bis 10 cm lang, untere dreiteilig. Blüten gelbgrün, unscheinbar, in lockeren Rispen. Blütezeit: Juli–August.

Standort: Alte Kulturpflanze, die gelegentlich verwildert. Man unterscheidet zwei Arten: der Russische hat einen bitteren Geschmack, er läßt sich durch Samen vermehren; der aromatischere Estragon stammt aus dem Mittelmeergebiet, er wird durch Teilen des Wurzelstocks vermehrt.

Sammelzeit: Triebe für den Frischverbrauch von Mai bis Oktober. Er kann 2- bis 3mal geschnitten werden, verliert aber beim Trocknen an Würzkraft.

Verwertung: Estragon enthält ätherisches Öl, Bitterstoffe, Gerbstoffe, Cumarine und Harz. Er wird in der Volksheilkunde als verdauungsförderndes und harntreibendes Mittel verwendet.

Frische Triebspitzen als Gewürz zu Salaten, Geflügelgerichten, Saucen und zum Einmachen von Gurken. Zur Herstellung von Estragon-Essig und -Senf.

Estragon-Hähnchen

1 Hähnchen (ca. 1,2 kg)
etwa 5 Zweiglein Estragon (10 cm lang)
1 Eßlöffel Olivenöl
Rosenpaprika gemahlen
Salz, Pfeffer

Das Hähnchen außen und innen salzen, pfeffern und mit Rosenpaprika bestreuen. Estragon-Gewürz waschen und in das Hähncheninnere schieben. Hähnchen mit Öl bestreichen, in die Fettpfanne des Backofens legen und im vorgeheizten Ofen bei 200°C ca. 90 Minuten garen. Immer wieder Wasser zugießen und mit Bratenfond bepinseln.

Estragon-Essig

Ein farbloses Glas füllt man zur Hälfte mit frischen Estragon-Blättern, preßt sie etwas zusammen und gießt guten Weinessig darüber, so daß die Blätter bedeckt sind. Zubinden. 3 Wochen in der Sonne stehenlassen. Abseihen. In Flaschen füllen. Verschließen. Eignet sich besonders gut zu Wildkräuter-Salaten.

Estragon-Gemüsesuppe

1 Handvoll Estragon (ca. 25 g)
1 Zwiebel
20 g Butter
2 rohe Kartoffeln, kleingeschnitten
2 rohe Möhren, kleingeschnitten
50 g Blumenkohl
50 g Erbsen
1 l Wasser
2 Eßlöffel Teigwaren
1 Teelöffel Streuwürze
Salz

Zwiebel und Estragon kleinhacken, in Butter kurz dünsten. Mit Wasser auffüllen und das Gemüse zugeben. Ca. 15 Minuten leicht kochen lassen. Nach 10 Minuten Teigwaren einstreuen. Mit Salz und Streuwürze abschmecken. Die Suppe zusätzlich mit frischem Estragon bestreuen.

Fenchel, Brotsamen, Finchel, Kinderfenchel (Foeniculum vulgare)

1 bis 2 m hohe, zweijährige bis ausdauernde Pflanze mit rübenförmiger Wurzel. Stengel aufrecht, bläulich bereift, ästig verzweigt. Laubblätter mehrfach gefiedert, bläulich bereift. Blüten klein, gelb, in großen zusammengesetzten Dolden. Blütezeit: Juli–September. Früchte länglich, Geschmack süß, etwas scharf. Ganze Pflanze mit aromatischem Geruch.

Standort: In verschiedenen Sorten kultiviert, gelegentlich verwildert. **Knollenfenchel** ist eine Varietät, die als feines Gemüse beliebt ist.

Sammelzeit: Frische Triebe Juni bis September. Früchte ab August, reife Dolden abschneiden.

Verwertung: Die Früchte enthalten ätherisches Öl, fettes Öl und Zucker, sie sind als schleimlösendes Hustenmittel und bei Verdauungsstörungen beliebt.

Fencheltee: 1 gehäuften Teelöffel zerquetschter Früchte mit ¼ l kochendem Wasser übergießen, 10 Minuten ziehen lassen. Abseihen. 2–4mal täglich 1 Tasse trinken.

Frisches Kraut zum Würzen von Salaten, Fischgerichten und Saucen. Fenchelfrüchte als Gewürz zu Backwaren und Suppen. Halbreife Dolden zum Gurkeneinlegen.

Fichte, Rottanne, Pechtanne (*Picea abies*)

40 bis 60 m hoher, flachwurzelnder Baum mit geradem Stamm. Borke rotbräunlich. Krone spitz-pyramidenförmig. Äste hängend. Nadeln dunkelgrün, vierkantig, kurz stachelspitzig, hart, gleichmäßig um die Zweige sitzend. Männliche Blütenstände erst rötlich, später gelblich. Weibliche Blütenstände aufrecht, leuchtend karminrot. Blütezeit: April–Mai. Reife Zapfen 10–16 cm lang und 3–4 cm dick, hängend, ganz abfallend. Samen mit durchscheinendem Flügel.

Standort: Ursprünglich nur in der subalpinen Bergregion heimisch, jetzt häufig kultivierter Forstbaum.

Sammelzeit: Junge Fichtentriebe im Mai–Juni, wenn das hellbraune Knospenhütchen abgefallen ist.

Verwertung: Die Fichte ist unser wichtigster Holzlieferant (Bau- und Papierholz), Weihnachtsbaum! Fichtennadeln enthalten ätherisches Öl, das als Badezusatz und zum Einreiben oder Inhalieren bei Erkrankungen der Atmungsorgane dient.
Junge Sprosse enthalten Vitamin C. Aus ihnen wird Fichtensprossen-Honig bereitet. Abgekocht werden Fichtensprosse als Badezusatz verwendet.

Bemerkung: Die Sprosse von **Weißtanne**, **Kiefer** und **Lärche** können gleich verwendet werden.

Fichtensprossen-Honig

200 g frische Fichtensprosse
1 l Wasser
1 kg Zucker
Fichtensprosse im Wasser 10 Minuten ab Kochzeit durchkochen. Abseihen. Den Saft (ca. 1 l) mit Zukker sprudelnd bis zur Sirupdicke einkochen (ca. 15 Minuten). Heiß in Gläser füllen.
Fichtensprossen-Honig können Sie das ganze Jahr über frisch bereiten, wenn Sie den gewonnenen Saft einfrieren und bei Bedarf zu Honig kochen.

Fichtensprossen-Gelee

200 g frische Fichtensprosse
1 l Wasser
1,2 kg Gelierzucker
5 g Zitronensäure
Fichtensprosse im Wasser 10 Minuten ab Kochzeit durchkochen. Über Nacht stehenlassen. Am nächsten Tag abseihen, ausdrücken und den gewonnenen Saft (ca. 1 l) mit Gelierzucker und Zitronensäure ca. 4 Minuten sprudelnd kochen. Heiß in Gläser füllen.

Honig-Müsli

4 Eßlöffel Haferflocken
3 Eßlöffel Milch
1 Eßlöffel Fichtensprossen-Honig oder
Löwenzahn-Honig
1 Eßlöffel Sultaninen
1 Banane
10 g Haselnüsse
Saft von einer halben Orange
Haferflocken mit Milch, Honig und Orangensaft vermengen. Banane in Scheiben schneiden und mit den gewaschenen Sultaninen unter die Haferflocken mischen. Das Müsli mit gehackten Haselnüssen bestreuen.

Gänseblümchen, Maßliebchen, Tausendschön (Bellis perennis)

Allgemein bekannt, kaum verwechselbare, ausdauernde Pflanze, 4 bis 15 cm hoch. Korbblüten auf blattlosem Stengel. Weibliche Randblüten weiß, meist rötlich überlaufen, zungenförmig. Röhrenblüten zwittrig, röhrig, gelb. Das Körbchen schließt sich nachts und bei feuchter Witterung. Erträgt strengen Frost. Blätter wintergrün, rosettig, spatelförmig, verkehrteiförmig, in der Regel entfernt gekerbt. Blütezeit: fast das ganze Jahr.

Standort: Verbreitet auf Wiesen, Grasplätzen, an Wegrändern.

Sammelzeit: Blätter und Blüten von März bis November.

Verwertung: Die Pflanze enthält Saponine, ätherisches Öl, Gerbstoff, Bitterstoff, außerdem Wein-, Essig- und Oxalsäure.

Altes Volksheilmittel bei Husten und Hautleiden. Blätter sammelt man besonders im Frühjahr zu Wildsalaten, Suppen und Quarkspeisen.

Die Blüten eignen sich zum Garnieren; Knospen in Essig eingelegt als Kapern.

Haselnußstrauch, Haselnuß, Hasel (Corylus avellana)

2–6 m (9 m) hoher, winterkahler Strauch oder Baum. Laubblätter wechselständig, rundlich-herzförmig, zugespitzt, kurz gestielt, Rand scharf doppelt gesägt, Adernetz unterseits stark hervortretend, drüsig behaart. Die hängenden, männlichen Blütenkätzchen erscheinen schon im Sommer des Vorjahres. Weibliche Blüten unscheinbar, mit purpurroten Narben. Blütezeit vor dem Laubaustrieb ab Februar bis April. Windblüher. Haselnüsse erst gelblichweiß, später braun, in offenen Fruchtbechern mit breitgeschlitzten Zipfeln. Kern wohlschmeckend.

Standort: Häufig an Waldrändern, in Hecken, Lichtungen. Bevorzugt nährstoffreiche Böden. In Gärten angepflanzt.
Sammelzeit: Nüsse im September und Oktober.
Verwertung: Haselnußkerne enthalten fettes Öl, Vitamine, Eiweiß, Mineralstoffe und Saccharose. Sie sind sehr nahrhaft und werden oft zum Kochen und Backen verwendet. Bedeutende Mengen benötigt die Schokoladen-, Süßwaren- und Backindustrie. Die größeren Nüsse des Handels stammen meist von der **Lambertsnuß** aus Südeuropa.

Haselnuß-Hörnchen

Teig:
    500 g Mehl
    20 g Hefe
    $\frac{1}{8}$ l Milch
    70 g Zucker
    70 g Butter
    1 Ei
    1 Prise Salz
    einige Tropfen Zitronenaroma
Füllung:
    125 g gemahlene Haselnüsse
    50 g Puderzucker
    3 Eßlöffel Wasser
    20 g Butter (zum Bestreichen)
    Puderzucker (zum Bestäuben)

Mehl in eine Schüssel geben. Hefe in $\frac{1}{8}$ l lauwarmer Milch auflösen. Im Mehl eine Vertiefung drücken und darin mit der Milch einen Vorteig rühren. Im Backofen bei 50°C gehen lassen, bis er sich verdoppelt hat. Danach Zucker, weiche Butter, Ei, Salz und Zitronenaroma zugeben und zu einem geschmeidigen Teig kneten. $\frac{1}{2}$ cm dick auswellen, in etwa 16 dreieckige Stückchen schneiden. Zur Füllung Haselnüsse mit Puderzucker und Wasser verrühren, auf den Teigstückchen verteilen und aufrollen. Hörnchen mit zerlassener Butter bestreichen, kurz gehen lassen, im Backofen bei 200°C ca. 25 Minuten backken. Mit Puderzucker bestäuben.

Haselnußklößchen in Fleischbrühe

60 g gemahlene Haselnüsse
40 g Semmelbrösel
30 g Butter
2 Eier
1 Teelöffel Zitronensaft
Muskat gemahlen
Salz, Pfeffer
1 l Fleischbrühe

Weiche Butter in einer Schüssel mit den Eiern schaumig rühren. Haselnüsse und Semmelbrösel dazugeben und unterrühren. Mit einer Prise Muskat, Salz, Pfeffer und Zitronensaft würzen. Die Masse 10 Minuten quellen lassen, danach mit 2 Kaffeelöffeln Klößchen abstechen. In die kochend heiße Brühe geben und 6 Minuten ziehen lassen.

Haselnuß-Makronen

300 g gemahlene Haselnüsse
ganze Haselnüsse zum Verzieren
3 Eiweiß
240 g Puderzucker
Oblaten

Das Eiweiß sehr steif schlagen. Puderzucker und Haselnüsse untermengen. Mit 2 Kaffeelöffeln Häufchen abstechen, auf Oblaten setzen und mit ganzen Haselnüssen verzieren. Im Backofen bei 160°C ca. 20–30 Minuten backen.

Haselnuß-Pralinen

250 g Haselnüsse
200 g Puderzucker
20 g Kokosfett
2 Eigelb
50 g Orangeat, sehr kleingehackt
½ Gläschen Orangenlikör
100 g Schokoladenglasur

Haselnüsse im vorgeheizten Backofen bei 200°C 10 Minuten rösten. Abkühlen lassen. Die schönsten Nüsse zum Verzieren der Pralinen aussuchen (50 g). Restliche Haselnüsse grob mahlen. Eigelb, Orangenlikör und flüssiges nicht heißes Kokosfett in einer Schüssel verrühren. Gemahlene Haselnüsse, Puderzucker und Orangeat zugeben, alles gut durchkneten. Ein Backbrett mit Puderzucker bestäuben, Pralinenmasse teilen, eine 3 cm dicke Rolle und ein Quadrat von etwa 15 × 15 cm 3 cm dick auswellen. Ca. 4 Stunden kaltstellen. Aus der festgewordenen Masse Stückchen abschneiden. Schokoladenglasur im Wasserbad schmelzen. Pralinen eintauchen und mit Haselnüssen verzieren. (Haselnüsse zum Schälen kurz in heißes Wasser legen.)

Haselnußring

200 g Butter
250 g Zucker
6 Eier
125 g Mehl
1 Teelöffel Backpulver
1 Prise Salz
1 Messerspitze Zimt
200 g gemahlene Haselnüsse

Für den Guß:
250 g Puderzucker
2 Eßlöffel Wasser
Saft von ¹/₂ Zitrone

Butter, Eigelb und Zucker schaumig rühren. Mehl
mit Backpulver mischen, auf die Eigelbmasse sieben,
unterrühren. Salz, Zimt und Haselnüsse zugeben,
Eiweiß steif schlagen und unter den Teig heben. Eine
Backform ausfetten, Teigmasse einfüllen und im
vorgeheizten Backofen bei 180°C ca. 75 Minuten
backen. Den abgekühlten Kuchen mit Zuckerglasur
überziehen (Puderzucker mit Wasser und Zitronensaft verrühren).

Gebrannte Haselnüsse

250 g Haselnüsse
200 g Zucker
40 g Butter
2 Eßlöffel Milch
1 Messerspitze gemahlenen Zimt

Haselnüsse im vorgeheizten Backofen bei 200°C 10
Minuten rösten. Butter, Zucker, Milch und Zimt in
einem Topf unter Rühren zu einer braunen, dickflüs-
sigen Masse kochen. Geröstete Haselnüsse zugeben,
weiter umrühren, bis die Zuckerflüssigkeit die Haselnüsse umschließt. Ein Backblech mit Butter bestreichen, die Haselnuß-Zuckermasse darauf verteilen. Die Haselnüsse noch warm brechen.

Heckenrose, Hundsrose, Hainrose, Wilde Rose (Rosa canina)

Der 1 bis über 3 Meter hohe Strauch mit seinen überhängenden, stachelbewehrten Ästen ist allgemein bekannt. Die eiförmigen oder elliptischen, scharf gesägten Blätter sind fünfteilig und unpaarig gefiedert. Im Juni erscheinen die hellrosa, schwach duftenden Blüten. Die korallenroten Scheinfrüchte, die „Hagebutten", reifen im Herbst. Die Gattung Rosa umfaßt zahlreiche, kaum unterscheidbare Arten.

Standort: Verbreitet in Hecken, Gebüschen, Waldrändern.

Sammelzeit: Die Hagebutten sammelt man im Oktober und November, wenn sie schön rot und noch fest sind.

Verwertung: Hagebutten enthalten außerordentlich viel Vitamin C und andere Vitamine, Fruchtsäuren, Pektine, Gerbstoffe und Invertzucker. Aus den Fruchtschalen bereitet man Marmelade, Kompott, Soßen und Gelee; aus den frischen Hagebutten Wein, Saft und Likör. Aufgeschnitten und getrocknet ergeben sie einen geschätzten Tee bei Erkältungskrankheiten. Die hellgelben, steinharten Kerne (botanisch Nüßchen) wirken harntreibend. Die fleischigen Fruchtschalen lassen sich, von Kernen und Härchen befreit, gut trocknen und tiefgefrieren.

Hagebuttenwein

5 kg Hagebutten
1 kg Zucker
15 g Milchsäure 100%
5 l Wasser
1 Fl. Reinzuchthefe Rasse Malaga

Dazu eignen sich reife Hagebutten von Garten- und Wildrosen. Stiele und Blütenreste werden sauber entfernt. Damit die Früchte aufgeschlossen werden und der Gärungsprozeß schneller abläuft, werden die Hagebutten gemahlen oder zerstampft. Zu dem Brei gibt man Zucker und Milchsäure und übergießt das Ganze mit 5 l kochendem Wasser. Öfters umrühren. Nach dem Abkühlen auf 20 bis 25°C gibt man die Hefekultur dazu. Das Gefäß (Glas, Steingut oder Kunststoff) wird gut abgedeckt und bleibt 6 bis 8 Tage stehen. Der Tresterhut wird öfters untergerührt. Die Temperatur soll bei 20 bis 25°C liegen. Danach wird die Maische sorgfältig abgepreßt.

1 l Saft
1,5 l Wasser
0,8 kg Zucker
1 g Kaliummetabisulfit

Auf 1 l gewonnenen Saft gibt man noch einmal 1,5 l Wasser (20°C) und 0,8 kg Zucker. Diese Mischung läßt man in einem Ballon mit Gärspund bei 20 bis 25°C weitergären.

4 Wochen nach dieser Hauptgärung erfolgt der erste Abstich. Der junge Wein wird abgezogen und in einen sauberen Ballon umgefüllt. Zur Haltbarmachung gibt man auf 10 l Wein 0,5 g Kaliummetabisulfit. Der Hagebuttenwein wird ab jetzt bei ca. 15°C gelagert. 2 Monate nach dem ersten Abstich folgt der zweite Abstich. Auf 10 l Wein werden noch einmal 0,5 g Kaliummetabisulfit gegeben. Bei längerer Lagerung dunkelt der Hagebuttenwein nach und entwickelt einen feinen, malagaähnlichen Geschmack. Nach etwa 6 Monaten ist der Wein ausgebaut und wird in saubere Flaschen abgefüllt. Die Lagerung erfolgt im Keller bei 10 bis 12°C.

Hagebutten-Mark

Frische Früchte verlesen, Stiel- und Blütenreste entfernen. Halbieren und Hagebuttenkerne herausnehmen (Kernlestee). Die Fruchtschalen mehrmals
gut waschen bis die Samenhärchen herausgelöst
sind. Mit Wasser bedeckt über Nacht stehenlassen.
Danach etwa ½ Stunde lang leicht kochen, bis die
Schalen weich sind. Durch ein Sieb streichen. 1 kg
Fruchtschalen ergeben etwa 1 kg Hagebuttenmark.
Es hat eine schöne, hellorange Farbe. Gesüßt und
mit Zitronensaft verfeinert ist es ein gesundes Mus
und Grundlage für viele weitere Rezepte.

Hagebutten-Marmelade

400 g Hagebutten-Mark
600 g Zucker
1 Zitrone
50 g Opekta®
Hagebutten-Mark, Zucker und Saft einer Zitrone 10
Minuten kochen. Am Schluß Opekta® dazugeben
und noch einmal kurz aufwallen lassen. Heiß in Gläser füllen.

Hagebutten-Schnitten

300 g Tiefkühlblätterteig backfertig
1 Eigelb
Hagebutten-Marmelade
Blätterteig auftauen. Auf bemehltem Backbrett
etwa ½ cm dick ausrollen. Mit dem Messer
6 × 6 cm große Quadrate schneiden. Je 1 Teelöffel
Hagebutten-Marmelade auf die Teigstückchen geben. Vom Restteig schmale Streifen zum Verzieren
schneiden. Mit Wasser bestreichen und kreuzweise
über die Schnitten legen. Backblech mit kaltem Wasser abspritzen, Schnitten auflegen, mit Eigelb bestreichen und im vorgeheizten Backofen bei 225°C
etwa 20 bis 25 Minuten backen.

Kernlestee

2 Eßlöffel Hagebuttenkerne mit ½ Liter Wasser
über Nacht kalt ansetzen. Danach zugedeckt ½
Stunde kochen. Abseihen. Der Kernlestee hat einen
feinen Vanille-Geschmack. In der Volksheilkunde
bei Grieß- und Steinleiden der Nieren und Blase.

Hagebutten-Likör

1 kg Hagebutten
1,5 l Alkohol 60%
700 g Zucker
1 l Wasser

Hagebutten sollen weich sein. Stiel- und Blütenreste entfernen. Früchte halbieren oder zerquetschen. Alkohol übergießen und in einem verschlossenen Glas 4 Wochen warmstellen. Filtrieren. Zucker in Wasser aufkochen, zum angesetzten Likör geben, in Flaschen füllen und gut verschließen.

Hagebutten-Tee

2 Teelöffel getrocknete und zerkleinerte Hagebutten mit ¼ Liter Wasser über Nacht kalt ansetzen. Danach 10 Minuten lang kochen. Abseihen. Geschätzter Haustee. Zur Erhöhung der Abwehrkräfte des Körpers bei fieberhaften Erkältungen. Gutes Stärkungsmittel für ältere Menschen.

Hagebutten-Suppe

200 g Hagebutten-Mark, ungesüßt
150 g Apfelmus
¼ l Weißwein
⅛ l Wasser
2 Eßlöffel Zucker
1 Messerspitze Zimt, gemahlen
1 Teelöffel Speisestärke

Hagebutten-Mark mit Apfelmus vermischen. Wein und Wasser auffüllen und erhitzen. Vor dem Kochen Zucker und Zimt zugeben. Speisestärke mit etwas Wasser anrühren und die Suppe unter kurzem Aufkochen andicken.

Hagebutten-Plätzchen

75 g Hagebutten-Mark
3 Eischnee
250 g Mandeln, gerieben
250 g Puderzucker
1 Päckchen Vanillinzucker
Oblaten

Eiweiß steif schlagen. Zucker, Vanillinzucker, Mandeln und Hagebutten-Mark zugeben und gut vermengen. Mit einem Teelöffel kleine Häufchen davon auf Oblaten setzen und im Backofen bei 140–160 °C backen. – Zum Verzieren kann man etwas Hagebutten-Marmelade auf die Plätzchen geben.
Für dieses feine Weihnachtsgebäck konserviert man bereits im Herbst ungesüßtes Hagebutten-Mark in der Tiefkühltruhe.

Hagebutten als Wildbeilage

200 g Hagebuttenschalen
¼ l Weißwein
2 Eßlöffel Zucker

Zu dieser aparten Beilage frische Früchte verlesen, halbieren, Hagebuttenkerne herausnehmen. Schalen gut wässern. Wenn keine frischen Hagebutten zur Verfügung sind, nimmt man getrocknete Fruchtschalen, die über Nacht in Wasser eingeweicht werden. Die Hagebuttenschalen in Weißwein mit Zucker gut weichkochen. Nach Geschmack kleingeschnittene, gedünstete Apfelstückchen zugeben.

Hagebutten-Fondue-Sauce

100 g Hagebutten-Mark, ungesüßt
2 Eßlöffel Apfel, gerieben
4 Eßlöffel Rotwein
4 Eßlöffel Sahne, geschlagen
Salz, Zucker

Hagebutten-Mark, geriebenen Apfel und Wein mischen. Steifgeschlagene Sahne untermischen. Mit einer Prise Salz und Zucker abschmecken.

Heidelbeere, Blaubeere, Schwarzbeere, Bickbeere (Vaccinium myrtillus)

15 bis 50 cm hoher sommergrüner Zwergstrauch. Stengel grün, kantig, stark verzweigt. Blüten grünlich, rötlich überlaufen, kugelig-krugförmig, nikkend, einzeln in den Blattachseln.
Blütezeit: Mai bis Juni. Laubblätter rundlich-eiförmig, fein gekerbt-gesägt, kahl, kurzstielig. Früchte kugelig, 5 bis 8 mm groß, blauschwarz, bereift, mit rotem Saft.
Standort: Verbreitet auf sandigen und torfigen Böden in Wäldern, Heiden und Mooren.
Sammelzeit: Heidelbeeren sammelt man von Juli bis August, in höheren Lagen bis September.
Verwertung: Die Laubblätter spielten früher eine Rolle bei Blasenschwäche und Magenkrämpfen. Heidelbeeren enthalten verschiedene Vitamine, Zucker, Fruchtsäuren, Mineralstoffe und Gerbstoffe. Getrocknete Heidelbeeren wirken bei Durchfall stopfend.
Frische Beeren sind wohlschmeckend. Aus ihnen bereitet man Kompott, Desserts, Saft, Marmelade und Heidelbeerwein. Die ähnliche **Rauschbeere** (*Vaccinium uliginosum*) hat oberseits blaugrüne, unterseits mattgrüne Blätter. Ihre Früchte haben farblosen Saft. Sie schmecken fade. Ihre Verwendung ist umstritten. Nach dem Genuß größerer Mengen können Rauschzustände und Übelkeit auftreten.

Heidelbeer-Quarkküchle

100 g Heidelbeeren
250 g Quark
350 g Kartoffeln
1 Ei
40 g Zucker
1 Päckchen Vanillinzucker
100 g Mehl
5 Tropfen Zitronenaroma
1 Prise Salz
40 g Butter zum Ausbacken
etwas Zucker und Zimt zum Bestreuen

Kartoffeln kochen, schälen und noch warm durchdrücken. Quark in ein Tuch geben, Wasser ausdrükken. Mit Ei, Zucker, Vanillinzucker, Zitronenaroma, Salz, Mehl und den pürierten Kartoffeln zu einem Teig verrühren. Zuletzt die Heidelbeeren unterheben. Je 1 gehäuften Eßlöffel Quarkmasse abstechen, Küchle formen, in Mehl wenden und in heißer Butter auf beiden Seiten goldgelb braten. Mit Zucker und Zimt bestreuen.

Heidelbeer-Götterspeise

300 g Heidelbeeren
2 Eßlöffel Wasser
6 Eßlöffel Zucker
1 Päckchen Tortenguß
4 Scheiben Vollkornbrot
1 Gläschen Kirschwasser
0,2 l Sahne
1 Päckchen Vanillinzucker
geraspelte Schokolade

Heidelbeeren verlesen. Mit 2 Eßlöffeln Wasser und 6 Eßlöffeln Zucker aufkochen. Tortenguß einstreuen. Nochmals kurz kochen. Abkühlen lassen.
Vollkornbrot zerkrümeln, unter dem Grill kurz rösten, mit Kirschwasser beträufeln.
Sahne mit Vanillinzucker steif schlagen.
Geröstetes Brot, Heidelbeeren und Sahne abwechselnd in Glasbecher schichten. Sahne auf den Bechern mit Schokoladeraspeln verzieren. Kalt servieren!

Heidelbeer-Torte

Teig: 3 Eier
100 g Zucker
1 Päckchen Vanillinzucker
3 Eßlöffel warmes Wasser
75 g Mehl
50 g Speisestärke
1 Messerspitze Backpulver

Belag: 400 g Heidelbeeren
1 Päckchen Tortenguß
2 Eßlöffel Zucker
1/4 l Wasser
125 g Puderzucker
125 g gemahlene Haselnüsse
1 Eischnee
6 Tropfen Bittermandelaroma
0,1 l Sahne
1 Päckchen Vanillinzucker
blättrige Mandeln

Eier mit Zucker, Vanillinzucker und warmem Wasser schaumig rühren. Mehl, Speisestärke und Backpulver mischen, auf die Masse sieben und unterrühren. Den Teig in eine gefettete Springform (24 cm ∅) füllen und im vorgeheizten Backofen bei 200°C ca. 20 Minuten backen.
Eiweiß steif schlagen, Puderzucker, Haselnüsse und Bittermandelaroma zugeben, gut durchrühren. Diese Masse gleichmäßig auf dem Tortenboden verstreichen. Tortenguß mit 2 Eßlöffeln Zucker und 3 Eßlöffeln Wasser verrühren. 1/4 l Wasser und 50 g Heidelbeeren in einen Topf geben, den angerührten Tortenguß unterrühren, 1 Minute kochen. Die restlichen Heidelbeeren auf der Torte verteilen, den Tortenguß vor dem Gelieren darübergeben. Sahne mit Vanillinzucker steif schlagen und die Torte garnieren. Mit blättrigen Mandeln verzieren.

Heidelbeer-Taschen

Hefeteig: *350 g Mehl*
20 g Hefe
1/8 l Milch
75 g Zucker
65 g Butter
1 Eigelb
einige Tropfen Zitronenaroma
Salz

Belag: *350 g Heidelbeeren*
50 g Zucker
25 g Butter zum Bestreichen
1 Eiweiß
Puderzucker zum Bestreuen

Mehl in eine Schüssel geben, Hefe darauf bröckeln, mit 1/8 l lauwarmer Milch einen kleinen Vorteig rühren und diesen 15 Minuten gehen lassen. Danach mit Zucker, weicher Butter, Eigelb, Zitronenaroma und 1 Prise Salz einen weichen Teig kneten.

Auf einem bemehlten Backbrett etwa 40 × 50 cm ausrollen und in Stücke von ca. 11 × 14 cm schneiden. Darauf jeweils 2 Eßlöffel gezuckerte Heidelbeeren verteilen, den Rand mit Eiweiß bestreichen und zu Taschen formen. Auf ein gefettetes Backblech legen. 25 g Butter zergehen lassen, die Taschen gut bestreichen und im vorgeheizten Backofen bei 225 °C ca. 25 Minuten backen. Mit Puderzucker bestäuben.

Die angegebene Menge ergibt etwa 16 Taschen. Als Belag eignen sich auch Himbeeren oder Walderdbeeren.

Heidelbeer-Eisschale

300 g Heidelbeeren
2 Eßlöffel Puderzucker
250 ml Vanilleeis
0,2 l Sahne
1 Päckchen Vanillinzucker

Sahne mit Vanillinzucker steif schlagen. 2 Eßlöffel zerdrückte Heidelbeeren zugeben, kurz mitrühren. Die gefärbte Schlagsahne in eine Spritztülle füllen, im Kühlschrank kühlen.
Heidelbeeren zuckern und in Schalen verteilen. Eis in Würfel schneiden, auf die Heidelbeeren legen und mit der Sahne garnieren.

Heidelbeer-Becher

350 g Heidelbeeren
4 Eßlöffel Puderzucker
0,2 l Sahne
1 Päckchen Vanillinzucker
geraspelte Schokolade

Heidelbeeren verlesen. In einer Schüssel mit Puderzucker mischen.
Sahne mit Vanillinzucker steif schlagen.
Heidelbeeren in 4 Becher verteilen. Sahne aufspritzen und mit Schokoladeraspeln verzieren. Kalt servieren!

Heidelbeer-Marmelade

1 kg Heidelbeeren
1 kg Zucker
225 g Opekta®

Früchte verlesen, nicht waschen und mit dem Zucker mischen. Unter Rühren 10 Minuten kochen. Dann Opekta® zugeben. Noch einmal kurz aufkochen. Heiß in Gläser füllen.

Himbeere, Waldhimbeere, Hohlbeere (Rubus idaeus)

0,5 bis 2 m hoher, winterkahler Strauch. Stengel aufrecht oder etwas überhängend, feinstachelig. Laubblätter hellgrün, drei- bis siebenzählig gefiedert, wechselständig. Teilblättchen eiförmig bis lanzettlich, scharf gesägt, oberseits kahl, runzelig, unterseits weißfilzig. Blüten weiß, in hängenden oder übergebogenen Rispen. Die Himbeere ist eine Sammelfrucht. Einzelfrüchte mit kleinen Steinkernchen. Sie läßt sich reif leicht vom zapfenförmigen Fruchtboden ablösen.

Standort: Verbreitet an Waldrändern, Waldschlägen und in Gebüschen. Liebt nährstoffreiche Böden.

Sammelzeit: Himbeerblätter von Mai bis Juli; Himbeeren im Juli und August.

Verwertung: Himbeerblätter sind Bestandteil von Kräutertees. Die Früchte enthalten reichlich Vitamin C, Mineralstoffe, Fruchtsäuren und Pektin. Sie sind wohlschmeckend und haben einen feinen, aromatischen Duft. Wildfrüchte liefern etwa 70% Saft. Aus Himbeeren bereitet man eine wohlschmeckende Marmelade, Likör, Kompott, Wein und Himbeergeist.

Himbeer-Saft

Frische Waldhimbeeren enthalten viel Fruchtsaft. Man gewinnt diesen am besten mit dem Dampfentsafter. Beeren nicht waschen. Zu 5 kg Himbeeren gibt man 500 g Zucker. Der Saft wird heiß in Flaschen gefüllt. Sofort mit vorher ausgekochten Verschlüssen verschließen.

Himbeer-Sirup

1 l Himbeer-Saft (frisch gepreßt)
300 g Zucker
Saft mit Zucker zu Sirup kochen. Heiß in Flaschen füllen. Sofort verschließen.
Zum Verfeinern von Pudding, Fruchtspeisen und Eis. Einige Teelöffel Himbeer-Sirup ergeben mit Mineralwasser ein wohlschmeckendes, erfrischendes Getränk.

Himbeer-Marmelade

1 kg Himbeeren
1 kg Zucker
225 g Opekta®
Himbeeren verlesen, nicht waschen, zu Fruchtmus zerdrücken und mit dem Zucker mischen. Unter Rühren 10 Minuten kochen. Dann Opekta® zugeben. Noch einmal kurz aufkochen. Heiß in Gläser füllen.

Heiße Himbeeren

200 g Himbeeren (frisch oder tiefgekühlt)
4 Eßlöffel Himbeer-Marmelade
1 Päckchen Vanillinzucker
0,2 l Sahne
1 Pack. Vanille-Eis (200 g)
Himbeeren mit der Himbeer-Marmelade erhitzen. Eis in Portionen in Glasschalen verteilen. Sahne steif schlagen. Mit Vanillinzucker süßen. Auf die Eis-Portionen verteilen. Vor dem Servieren die heißen Himbeeren darübergießen.

Himbeer-Gelee

1 l Himbeer-Saft (frisch gepreßt)
1200 g Gelierzucker
5 g Zitronensäure
Saft mit Zucker unter Rühren zum Kochen bringen. Kurz weiterkochen, Zitronensäure zugeben, noch einmal aufwallen lassen. Heiß in Gläser füllen.

Himbeer-Biskuitrolle

6 Eier
200 g Zucker
1 Päckchen Vanillinzucker
100 g Mehl
100 g Speisestärke
4 Eßlöffel heißes Wasser
1 Messerspitze Backpulver
Margarine zum Einfetten des Papiers
450 g Himbeermarmelade

zum Verzieren:
0,2 l Sahne
1 Päckchen Sahnesteif
2 Päckchen Vanillinzucker
frische Himbeeren

Eigelb von 6 Eiern, Zucker, Vanillinzucker und Wasser weißschaumig rühren. Mehl, Speisestärke, Backpulver mischen, auf die Eigelbmasse sieben, unterrühren. Eiweiß von 6 Eiern zu Schnee schlagen und vorsichtig unter den Teig heben. Ein Backblech in der Größe von 39 × 43 cm mit Pergamentpapier auslegen, Papier mit Margarine fetten, Teig darauf verteilen. Im vorgeheizten Backofen bei 200 °C 10–15 Minuten goldgelb backen. Biskuit sofort nach dem Backen auf ein Küchenhandtuch stürzen, Pergamentpapier abziehen, mit Himbeermarmelade bestreichen und schnell aufrollen (solange der Biskuit heiß ist). Abkühlen lassen. Sahne mit Sahnesteif und Vanillinzucker steif schlagen und die Rolle verzieren. Mit frischen Himbeeren garnieren.

Himbeer-Soufflé

200 g Himbeeren (frisch oder tiefgefroren)
4 Eier
80 g Zucker
1 Päckchen Vanillinzucker
2 Eßlöffel Himbeergeist 40%

Himbeeren verlesen. Nicht waschen. Mit Himbeergeist beträufeln. Eigelb, Zucker und Vanillinzucker weißschaumig rühren (sehr wichtig!). Eiweiß steif schlagen und unter die Eigelbmasse heben. Die Hälfte dieser Masse in eine kleinere Auflaufform geben, dann die Himbeeren und die restliche Eischaummasse darübergeben. Im vorgeheizten Backofen bei 150°C ca. 30 Minuten backen.
Diese köstliche Nachspeise wird heiß serviert. Falls Sie Himbeeren aus der Tiefkühltruhe verwenden, werden diese langsam aufgetaut, mit dem Himbeergeist beträufelt und wie frische Himbeeren weiterverwendet.

Himbeersauce zu Vanillepudding

¹/₄ l Himbeer-Saft
1 Eßlöffel Zucker
1 Teelöffel Speisestärke
3 Eßlöffel Wasser
2 Eßlöffel Himbeergeist 40%

Himbeer-Saft zum Kochen bringen. Speisestärke mit Wasser glattrühren und in den vor der Kochstelle genommenen Saft einrühren. Kurz aufkochen. Süßen. Himbeergeist zugeben, und die Sauce über den Pudding gießen.

Himbeerblätter-Kräuter-Tee

Mit Erdbeerblättern und Waldmeister gemischt ergeben Himbeerblätter einen wohlschmeckenden Haustee:
50 g Himbeerblätter getrocknet
45 g Erdbeerblätter getrocknet
5 g Waldmeisterkraut getrocknet
2 gehäufte Teelöffel dieser Kräutertee-Mischung übergießt man mit ¹/₄ Liter kochendem Wasser. Knapp 10 Minuten ziehen lassen. Abseihen

Holunder, Schwarzer Holunder, Flieder, Holder, Holler (Sambucus nigra)

3 bis 6 m (10 m) hoher, winterkahler Strauch oder Baum. Stamm mit tiefrissiger Borke. Laubblätter 10–30 cm, unpaarig gefiedert, gegenständig, 3 bis 7 Teilblätter, oberseits dunkelgrün, Geruch streng aromatisch. Blüten gelbweiß in aufrechtstehenden, endständigen, flachen Trugdolden mit süßlichem Duft. Blütezeit: Juni–Juli. Fruchtstände überhängend, Beeren schwarzviolett, glänzend, an dunkelroten Stielchen. Beeren enthalten viel dunkelroten Saft.

Standort: Verbreitet in Wäldern, Gebüsch, auf Schuttplätzen und bei Bauernhäusern (Kulturbegleiter).

Sammelzeit: Blüten im Juni–Juli. Rasch trocknen, abrebeln. Früchte September bis Oktober.

Verwertung: Uralte Heilpflanze. Blüten zu Holderküchle und Holdersekt. Getrocknet als schweißtreibender Tee bei Erkältungskrankheiten. Bestandteil von Blutreinigungstees. Holunderbeeren enthalten Vitamin A und C, Fruchtsäuren und Gerbstoff. Aus ihnen bereitet man Saft, Gelee, Marmelade und Wein.

Bemerkung: Beeren nicht roh verzehren. Nur vollreife Früchte sammeln.

Holunderbeer-Suppe
mit Eischneeklößchen

400 g Holunderbeeren (ohne Stiele)
2 saure Äpfel
200 g Zwetschgen
¹/₂ l Wasser
60 g Zucker
1 Prise Zimt

für die Klößchen:
1 Eiweiß
1 gestrichener Teelöffel Puderzucker
1 Prise Salz

Holunder-Fruchtstände waschen, Beeren von den Stielen streifen. Äpfel schälen, vierteln und mit den halbierten, entsteinten Zwetschgen mit 4 Eßlöffeln Wasser weichkochen, dann durch ein Sieb streichen. Dieses Mus mit Wasser, Zucker und Holunderbeeren aufkochen. Mit Zimt würzen.
Für die Klößchen das Eiweiß mit Puderzucker und Salz steif schlagen. Mit 2 Kaffeelöffeln Klößchen abstechen, in die heiße Suppe geben. Kurz ziehen lassen. – Die Suppe heiß servieren.

Holunder-Saft

Holunderbeeren enthalten viel Fruchtsaft. Man gewinnt diesen am besten mit dem Dampfentsafter. Fruchtstände mit vollreifen Beeren waschen. Beeren abstreifen oder kurzstielig abschneiden. Zu 5 kg Holunderbeeren gibt man ca. 500 g Zucker. Der Saft wird heiß in Flaschen gefüllt. Sofort mit vorher ausgekochten Verschlüssen verschließen.

Holunderbeeren-Gelee

1 l Holunder-Saft (frisch gepreßt)
1200 g Gelierzucker
5 g Zitronensäure
1 Messerspitze Zimt gemahlen

Saft mit Zucker, Zimt und Zitronensäure unter Rühren zum Kochen bringen. 10 Minuten brausend weiterkochen. Noch einmal kurz aufwallen lassen. Heiß in Gläser füllen.

Holunderblüten-Küchle

12 kleinere Blütendolden
200 g Mehl
2 Eßlöffel Öl
2 Eier
0,4 l Bier
1 Päckchen Vanillinzucker
1 Prise Salz
Fett zum Ausbacken

Blütendolden schütteln, da oft kleine Käfer in den Blüten sitzen.

Für den Bierteig Mehl, Eigelb, Öl, Bier, Vanillinzucker und Salz gut verrühren. Eiweiß steif schlagen und unter den Teig heben. Fett erhitzen. Holunderblütendolden in den Bierteig tauchen, dann kurz im heißen Fett ausbacken.

Holunderblüten-Tee

Der Tee wird im Volksmund auch „Fliedertee" genannt, hat aber mit unserem Gartenzierstrauch nichts zu tun.

3 gehäufte Teelöffel getrocknete Holunderblüten mit ¹/₂ Liter kochendem Wasser übergießen. 10 Minuten ziehen lassen. Als Schwitzkur trinkt man bei Erkältungskrankheiten 2 Tassen möglichst warm.

Holunderblüten-Milchmix

3 Blütendolden
¹/₂ l Milch
1 Eßlöffel Zucker
1 Päckchen Vanillinzucker
2 Eidotter
2 Gläschen Weinbrand

Heiße Milch über die Blütendolden gießen, 10 Minuten ziehen lassen, abseihen und die Milch erkalten lassen. Eidotter, Zucker und Vanillinzucker im Mixer schaumig rühren. Holunderblüten-Milch und Weinbrand zugeben. Den Milchmix kühl servieren.

Holunderblüten-Milch

3 Blütendolden
¹/₂ l Milch
1 Päckchen Vanillinzucker

Blütendolden in einer Schüssel mit heißer Milch übergießen. Nach 15 Minuten abseihen und mit Vanillinzucker süßen.

Holunderblüten-Suppe

5 mittlere Blütendolden
1 l Milch
2 Teelöffel Zucker
1 Prise Salz
3 Eigelb
2 Eiweiß
Zucker und Zimt zum Bestreuen

Blütendolden mit heißer Milch übergießen. 10 Minuten ziehen lassen, dann abseihen. Mit Zucker und Salz abschmecken. Die verquirlten Eigelbe unter die Milch rühren und nochmals kurz erhitzen (nicht kochen). Eiweiß steif schlagen, Klößchen abstechen und in die Milch geben. Zugedeckt ca. 2 Minuten garen lassen. Suppe mit Zucker und Zimt bestreut servieren.

Holunder-Punsch

¹/₂ l Holunder-Saft, leicht gesüßt
¹/₄ l Rotwein
2 Eßlöffel Zucker
1 Stange Zimt
2 Gewürznelken
2 Gläschen Weinbrand

Holundersaft mit Nelken, Zimt, Zucker und Wein zum Kochen erhitzen. Weinbrand zugeben. Abseihen, heiß trinken.

Holunderblüten-Sekt

200 g Holunderblüten-Dolden
5 l Wasser
500 g Zucker
¹/₄ l Weinessig
2 Zitronen

Die Blütendolden mit den in Scheiben geschnittenen Zitronen, Essig und Zucker in ein Gefäß geben. Wasser zugeben, umrühren, bis sich der Zucker aufgelöst hat. 5 Tage an einem warmen Platz stehenlassen. Dann den Ansatz abseihen und in Flaschen mit festem Verschluß abfüllen. Kühlstellen. Den Holunderblüten-Sekt mindestens 14 Tage ruhenlassen. –

Nehmen Sie stabile Glasflaschen. Dünnwandige Flaschen können durch den entstehenden Druck zerreißen.

Das etwas säuerlich schmeckende Getränk ist ein ausgezeichneter Durstlöscher und eignet sich gut zum Mischen mit Mineralwasser und säurearmen Fruchtsäften.

Holunder-Weißdorn-Marmelade

Das Rezept für diese gesunde Wildfrucht-Marmelade finden Sie auf Seite 143.

Huflattich, Brustlattich, Brandlattich (Tussilago farfara)

Ausdauernde, bis 30 cm hohe Pflanze mit bis 2 m kriechenden Ausläufern. Die Laubblätter erscheinen gegen Ende der Blütezeit. Sie sind handgroß, langgestielt, im Umriß rundlich-herzförmig, unterseits wollig-weißfilzig. Die goldgelben Blüten öffnen sich nur bei sonnigem Wetter. Randblüten mehrreihig, schmal-zungenförmig. Scheibenblüten röhrigglockig.
Blütezeit: Februar bis April. Verblühte Stengel nikken.
Standort: Häufig auf offenen Böden, an Wegen, auf Äckern, Schuttplätzen, in Kiesgruben.

Sammelzeit: Junge Blätter Mai–Juli, möglichst schnell an der Sonne trocknen.
Verwertung: Die Blätter enthalten Schleim- und Gerbstoffe. Getrocknet als Hustentee sehr geschätzt. Zubereitung: 2 gehäufte Teelöffel geschnittene Huflattichblätter mit ¼ l kochendem Wasser übergießen. 10 Minuten ziehen lassen. Mit Honig oder Kandiszucker süßen. 2- bis 3mal täglich 1 Tasse trinken.
Frische Blätter werden wie Spinat zubereitet. Sie können auch zu Frühlingssuppen, Gemüse und Salaten verwendet werden.

Johanniskraut, Tüpfel-Hartheu, Wundkraut (Hypericum perforatum)

30 bis 100 cm hohe ausdauernde Pflanze mit spindelförmiger, reichästiger Wurzel. Stengel aufrecht, mit 2 Längsleisten, im oberen Teil ästig. Laubblätter elliptisch-eiförmig, gegenständig, durchscheinend punktiert. Blüten goldgelb in Doldenrispen, färben sich beim Zerreiben rot.

Blütezeit: Juli–August.

Standort: Verbreitet in Halbtrockenrasen, an sonnigen Wald- und Wegrändern, Ufern und auf Heiden.

Sammelzeit: Blühende Zweigspitzen Juli–August.

Verwertung: Johanniskraut enthält ätherisches Öl, Hypericin, Harze und Gerbstoffe. Es wirkt wundheilend, entzündungshemmend, nervenberuhigend und gegen Durchfall. Äußerlich wird Johanniskrautöl als Wundheilmittel, bei Hauterkrankungen, Geschwüren, Gicht, Rheuma, Hexenschuß und Verstauchungen verwendet.

Johanniskrautöl: 25 g frisch aufgeblühte Blüten gut zerquetschen. In einer weißen Glasflasche mit 500 g Olivenöl 5 Tage unverschlossen an der Sonne stehenlassen. Dann verschließen, noch einmal 5 Wochen stehenlassen, abseihen. Auch innerlich, tägl. 2 Teelöffel.

Bemerkung: Wer eine Kur mit Johanniskraut macht, soll starke Sonneneinstrahlung meiden.

Kamille, Echte Kamille, Feldkamille (Matricaria chamomilla)

Einjährige, 10 bis 50 cm hohe Pflanze. Wurzel dünn, kurz. Stengel aufrecht, ästig kahl. Laubblätter fein, zwei- bis dreifach fiederteilig. Körbchenblüten innen mit gelben Scheibenblüten, außen mit weißen Strahlenblüten, die meist nach unten gekehrt sind. Der Blütenboden ist hohl. Geruch stark aromatisch. Blütezeit: Mai–August.

Standort: Häufig auf Äckern, in Unkrautbeständen, auf Schuttplätzen und Straßenrändern. Auch kultiviert.

Sammelzeit: Blütenköpfe von Juni–August. Schnell in dünnen Lagen an schattigem Ort trocknen.

Verwertung: Die Blütenkörbchen enthalten ätherisches Öl, Flavonglykoside und Cumarine.
Innerlich als Tee bei entzündlichen Erkrankungen im Magen-Darm-Bereich. Äußerlich bei Entzündungen der Schleimhäute und schlecht heilenden Wunden. Zu Umschlägen, Spülungen und Bädern. Zur Bereitung von **Kamillen-Tee** werden 2 gehäufte Teelöffel getrocknete Kamillenblüten mit 1/4 l heißem Wasser übergossen. 10 Minuten ziehen lassen. Abseihen. Warm trinken.

Kerbel, Gartenkerbel, Suppenkraut, Körbel (Anthriscus cerefolium)

30 bis 60 cm hohes Kraut. Wurzel dünn, spindelförmig. Stengel ästig, unten kantig gefurcht. Blätter hellgrün, zart, dünn, an der Basis mit einer Scheide, 2- bis 4fach fiederschnittig, im Umriß dreieckig Blüten klein, weiß, unscheinbar in doppelten, kurzgestielten, zwei- bis sechsstrahligen Dolden. Pflanze mit feinem Anisgeruch und -geschmack.

Blütezeit: Mai–August. Früchte dünn, dunkelbraun bis schwarz, glatt.

Standort: Bei uns seit dem 16. Jahrhundert kultiviert. Aussaat im Kräutergarten ab März, im Winter auch in Töpfen, in dreiwöchigen Abständen wiederholen, damit steht immer frisches Kraut zur Verfügung. Häufig verwildert an Hecken und Waldrändern.

Sammelzeit: Die jungen Blätter haben vor der Blüte die höchste Würzkraft.

Verwertung: Kerbel enthält ätherische Öle, Bitterstoffe und das Flavonglykosid Apiin.

Kerbel-Tee wirkt schweiß- und harntreibend.

Frisches Kraut als Küchengewürz, zu Frühlingssuppen, Saucen und Salaten. Kerbel eignet sich gut zum Einfrieren. Beim Trocknen verliert er seinen aromatischen Geruch und Geschmack.

Knoblauch, Knofel (Allium sativum)

Bis 70 cm hohe, ausdauernde Pflanze. Zwiebel mit länglich gekrümmten Nebenzwiebeln (Knoblauchzehen), mit weißlichen Niederblättern umhüllt. Stengel rund. Laubblätter flach, gekielt, zugespitzt. Blüten in einem kugeligen Blütenstand, langgestielt, weißlich oder rötlich. Neben den Blüten sitzen zahlreiche Brutzwiebeln. Der Blütenstand ist von einem langspitzigen Hochblatt eingehüllt, das später abfällt. Die ganze Pflanze riecht intensiv aromatisch. Blütezeit: Juni bis August.

Standort: Knoblauch ist in Asien beheimatet. Er wird häufig kultiviert. Im Garten werden die Zehen im Frühjahr oder Herbst 5 cm tief im Abstand 15 × 15 cm in den Boden gesteckt.

Sammelzeit: Nach dem Austrieb kann das Kraut frisch geerntet werden. Zwiebeln werden nach dem Abwelken der Blätter von August bis Oktober geerntet und zum Trocknen aufgehängt.

Verwertung: Knoblauch enthält ätherisches Öl und Vitamine. Er wirkt stark darmdesinfizierend und verdauungsfördernd. Bei Arterienverkalkung und hohem Blutdruck.

In der Küche als Gewürz zu Salaten, Fleisch- und Wildgerichten. Sparsam verwenden!

Knoblauch-Suppe

6 große Knoblauchzehen
1 Eßlöffel Olivenöl
³/₄ l Wasser
2 Teelöffel Streuwürze
2 Eier
Salz, Pfeffer
frische Kräuter (Liebstöckel, Petersilie, Schnittlauch)
Knoblauchzehen kleinhacken, in Olivenöl kurz dünsten. Wasser auffüllen. Streuwürze zugeben. 10 Minuten leicht kochen lassen. Eier verquirlen, in die Suppe einrühren. Salzen, pfeffern und mit gehackten Kräutern bestreuen.

Knoblauch-Salz

2 Knoblauchzwiebeln
250 g Salz
Knoblauch sehr fein schneiden und mit dem Salz vermischen. 1 Tag stehenlassen, dann im Backofen trocknen. Das getrocknete Salz zerstoßen und in dicht schließenden Gefäßen aufbewahren.

Kräuterbutter

1 Handvoll Kräuter (Basilikum, Estragon, Bohnenkraut, Thymian, Sellerie, Petersilie, Majoran)
2 Knoblauchzehen
125 g Butter
Salz
Butter mit dem kleingehackten Knoblauch und fein geschnittenen Kräutern schaumig rühren. Leicht salzen. Kühl aufbewahren.
Kräuterbutter paßt gut zu frischen Brötchen, getoastetem Brot oder französischem Weißbrot.
Die Kräuter können nach Geschmack und Angebot variiert werden.

Kümmel, Wiesen-Kümmel, Echter Kümmel, Feld-Kümmel (Carum carvi)

30 bis 100 cm hohes, zwei- bis mehrjähriges Kraut. Stengel kantig, gerieft, verästelt. Blätter doppelt fiederteilig mit fiederspaltigen Blättchen. Blüten klein, weiß, selten rötlich, in großen zusammengesetzten Dolden.
Blütezeit: Mai–Juni. Die graubraunen Früchte zerfallen bei der Reife in 2 längliche, 3 bis 6 mm lange Teilfrüchte. Die ganze Pflanze hat einen aromatischen Geruch und Geschmack.
Standort: Auf Wiesen, Weiden und an Wegrändern. Auch feldmäßig angebaut.
Sammelzeit: Junge Blätter im Mai. Die Früchte reifen von Juni bis Juli. Sie fallen leicht aus, Dolden rechtzeitig abschneiden, nachreifen lassen, über Papier abstreifen.
Verwertung: Die Früchte enthalten ätherische Öle, fettes Öl, Zucker und Stärke. Kümmel wirkt verdauungsfördernd. Beliebt als Tee bei krampfartigen Beschwerden im Magen-Darmkanal und bei Blähungen.
Als Gewürz zu Fleischgerichten, Wurst, Käse, Brot und als Zusatz zu Schnäpsen. Junge Blätter zu Salaten und Wildgemüse-Suppen. Die rübenförmige Wurzel ist eßbar.

Kümmelstangen

500 g Mehl
20 g Hefe
knapp ¼ l Milch
80 g Margarine
2 Teelöffel Salz
Eigelb zum Bestreichen
Kümmel und Salz zum Bestreuen

Mehl auf ein Backbrett geben und in die Mitte eine
Vertiefung drücken. Hefe hineinbröckeln, lauwarme
Milch, weiches Fett und Salz dazugeben und einen
geschmeidigen Teig kneten. Fingerdicke, ca. 25 cm
lange Stangen auswirken, auf ein gefettetes Backblech legen, mit Eigelb bestreichen und mit Salz und
Kümmel bestreuen. Im Backofen bei 50 °C 15 Minuten gehenlassen, dann bei 210 °C ca. 15–20 Minuten
goldbraun backen.

Kümmel-Kartoffeln

8 mittelgroße Kartoffeln
2 Eßlöffel Kümmel
40 g Butter
Salz

Kartoffeln sauber waschen, halbieren. Die Schnitt-
flächen salzen und mit Kümmel bestreuen.
Ein Backblech mit einem Teil der Butter bestreichen. Kartoffeln daraufsetzen. Restliche Butter zergehen lassen und über die Kartoffeln gießen. Im
Backofen bei 200 °C ca. 40 Minuten garen.

Kümmel-Schnaps

40 g Kümmel
1 l Obstwasser oder Korn ca. 35 %

Obstwasser mit Kümmel ansetzen. Etwa 3 Wochen
bei Zimmertemperatur stehenlassen, gelegentlich
durchschütteln. Nach Geschmack mit ein paar Eßlöffeln Zucker süßen.
Zur Förderung der Verdauung trinkt man nach dem
Essen ein Gläschen.

Koriander, Wanzenkraut, Stinkdill (Coriandrum sativum)

20 bis 60 cm hohe, einjährige Pflanze mit dünner, spindelförmiger Wurzel. Stengel aufrecht, stielrund, oberseits ästig. Grundblätter ungeteilt, bald absterbend, Stengelblätter 2- bis 3fach gefiedert mit linealen Zipfeln. Blüten weiß bis rötlich in 3- bis 5strahligen Dolden.
Blütezeit: Juli–August. Früchte kugelig, bräunlich bis strohgelb. Die ganze Pflanze hat einen unangenehmen Geruch nach Wanzen, der sich beim Trocknen verliert.
Standort: Alte Kulturpflanze, von März bis April aussäen. Verwildert an Schuttplätzen, in Gärten, Weinbergen und auf brachliegenden Äckern.

Sammelzeit: Vor Eintritt der Vollreife im September. Pflanzen abschneiden, in Büschel binden, trocknen. Früchte ausschütteln.
Verwertung: Korianderfrüchte enthalten ätherisches Öl, Gerbstoffe, Zucker, fettes Öl und Cumarinderivate. Sie wirken wie Kümmel appetitanregend, verdauungsfördernd und blähungstreibend. Korianderfrüchte als Gewürz zu Wild, Roten Rüben, Kohl und Gulasch; als Wurstgewürz, in der Likör- und Backwarenindustrie, zu Lebkuchen und gewürztem Brot.

Gewürzbrot

600 g Roggenmehl
300 g Weizenmehl
100 g Haferflocken
1 Eßlöffel Koriander gemahlen
2 Teelöffel Anis gemahlen
1 Teelöffel Kümmel gemahlen
1 Würfel Hefe (42 g)
1 Teelöffel Honig
1/2 l Wasser
100 g Magerquark
1 Handvoll Haselnüsse (25 g)
3 gestr. Teelöffel Salz

Roggenmehl, Weizenmehl und Haferflocken in eine Schüssel geben und mit den Gewürzen gut vermischen. Hefe und Honig mit etwas lauwarmem Wasser glattrühren und damit in das Mehl einen kleinen Teig rühren. Etwas gehenlassen.

Dann Quark, grob geschnittene Haselnüsse und Salz zugeben und mit dem restlichen lauwarmen Wasser zu einem festen Teig kneten. Den Teig in zwei gefetteten Kastenformen verteilen.

Im Backofen auf der unteren Schiene bei 50°C etwa 1 Stunde gehenlassen. Dann die Temperatur auf 200°C hochschalten und das Brot 50 Minuten backen.

Kornelkirsche, Herlitze, Dirlitze, Gelber Hartriegel (Cornus mas)

2–5 m (8 m) hoher Strauch oder kleiner Baum. Borke rissig, kleinschuppig. Laubblätter gegenständig, eiförmig-elliptisch, lang zugespitzt, 5–8 cm, oberseits lebhaft grün, unterseits heller grün. Die gelblichen Blüten stehen in kleinen Dolden. Sie erscheinen vor den Laubblättern von Februar bis April. Stein-Früchte glänzend, scharlachrot, länglich-oval, hängend, 1–2 cm, mit länglichem, 2teiligem Steinkern.

Standort: Selten, in sonnigen Gebüschen, trockenen Wäldern und Auwäldern, wärmeliebend. Als Frühblüher (Bienenweide) oft angepflanzt und verwildert. Schnittfester Zierstrauch.

Sammelzeit: Früchte September–Oktober.

Verwertung: Blätter gelegentlich als Tee-Ersatz. Das harte Holz eignet sich zu Drechslerarbeiten. Früchte enthalten Vitamin C, Fruchtsäuren und Mineralstoffe. Die angenehm säuerlich schmeckenden, saftreichen Früchte werden zu Saft verarbeitet, der als durstlöschendes Mittel bei fieberhaften Erkrankungen beliebt ist, außerdem zu Gelee, Marmelade, Likör und Wein.

Lavendel, Echter Lavendel, Kleiner Speick (Lavandula angustifolia)

30 bis 100 cm hoher, ausdauernder Halbstrauch mit rutenförmigen Zweigen. Laubblätter lanzettlich bis lineal, 2 bis 5 cm lang, am Rand umgerollt, unterseits hellfilzig. Die blauvioletten Blüten stehen in Scheinquirlen.
Blütezeit: Juli–August. Die Blüten haben einen angenehmen, würzigen Geruch und einen bitteren Geschmack.
Standort: Heimisch im Mittelmeergebiet. In Südfrankreich und Spanien oft angebaut. Bei uns auch als Zierpflanze in Gärten, gelegentlich verwildert.
Sammelzeit: Junge Blätter während der ganzen Vegetationsperiode. Im Juli–August Zweige mit frisch aufgeblühten Lavendelblüten abschneiden, bündeln, trocknen und abrebeln.
Verwertung: Lavendel enthält ätherisches Öl und Gerbstoffe. Er gilt als leichtes Beruhigungsmittel bei nervösen Herzbeschwerden und Schlaflosigkeit, bei Migräne und Durchfällen. Äußerlich als Einreibung bei Rheuma. Junge Blätter in kleinen Mengen als Gewürz.
Getrocknete Blüten in Leinensäckchen als Duftkissen. In der Parfümindustrie zu Lavendelwasser, Lavendelseife und Kölnisch Wasser.

Liebstöckel, Maggikraut, Badekraut (*Levisticum officinale*)

Ausdauernde, bis 2 m hohe Staude. Stengel aufrecht, bis 4 cm dick, rund, röhrig, kahl, oben mit aufrecht-abstehenden Ästen. Laubblätter dunkelgrün, glänzend, dicklich, zwei- bis dreifach gefiedert, groß, die unteren bis 70 cm lang. Blüten klein, blaßgelb, in zusammengesetzten Dolden.

Blütezeit: Juni–August. Die ganze Pflanze hat einen aromatischen Geruch und würzigen Geschmack nach Maggiwürze.

Standort: Selten verwildert, im Garten genügt eine Staude als Würzkraut.

Sammelzeit: Frische Blätter von Mai bis Oktober.

Haupterntezeit Juli–August (trocknen und einfrieren). Wurzelstock von zwei- bis dreijährigen Pflanzen im März–April und September–Oktober.

Verwertung: Liebstöckelwurzeln enthalten ätherisches Öl, Harz, Gummi, Zucker und Stärke. Sie wirken wassertreibend. Äußerlich als Badezusatz. In der Volksheilkunde zur Verdauungsanregung. In der Likörindustrie zu Magenschnäpsen und Kräuterlikören. Frisches Kraut in kleinen Mengen zu Suppen, Saucen, Gemüseeintöpfen und Fischgerichten (mitkochen) und zu Salaten.

Linde (Sommer- und Winterlinde)
(Tilia platyphyllos, Tilia cordata)

Sommergrüner, hoher Baum mit kräftiger, gerundeter Krone. Rinde jung glatt, später rissig. Laubblätter mit langen Stielen, rundlich, schief herzförmig oder schief dreieckig, zugespitzt, Rand scharf gesägt. Blüten hellgelb, angenehm duftend, mit pergamentartigem Hochblatt.

Blütezeit: Juni bis Juli. Die Winterlinde blüht später als die Sommerlinde und hat reichblütigere Blütenstände.

Standort: In Laubmischwäldern. Oft angepflanzt (Dorflinde).

Sammelzeit: Blüten von Sommer- und Winterlinde mit dem pergamentartigen Hochblatt im Juni und Juli. Lindenblüten sind empfindlich. Sie müssen schnell getrocknet und luftdicht aufbewahrt werden.

Verwertung: Lindenblüten enthalten ätherisches Öl, Gerbstoff, Flavonoide, Zucker, Schleim. Heißer **Lindenblütentee** ist ein bewährtes schweißtreibendes Mittel bei Erkältungskrankheiten; er wird so bereitet: 2 Teelöffel kleingeschnittene Blüten mit Hochblättern mit ¼ l kochendem Wasser übergießen. 10 Minuten ziehenlassen. Abseihen. Süßen. Lindenholz wird zum Schnitzen und zur Herstellung von Lindenholzkohle verwendet.

Löwenzahn, Butterblume, Kuhblume, Pusteblume (Taraxacum officinale)

Bis 40 cm hohe, formenreiche, milchsaftführende Pflanze mit langer Pfahlwurzel. Laubblätter in grundständiger Rosette, länglich-lanzettlich, meist tief eingeschnitten. Blüten in einzelnen, großen, goldgelben Blütenköpfen, endständig auf blattlosem, hohem Schaft.
Blütezeit: April bis August. Die Früchte bilden eine fedrige Kugel.
Standort: Weitverbreitet auf Wiesen und Feldern, in lichten Wäldern und Gärten.
Sammelzeit: Junge Blätter vor der Blüte März–April. Blüten und die ganze Pflanze April–Mai.

Verwertung: Löwenzahn enthält die Vitamine B_2 und C, Bitterstoffe, Gerbstoffe, Inulin und wenig ätherisches Öl. Die ganze Pflanze als Tee bei Leber- und Gallenleiden, Verdauungsstörungen. Bei Rheuma und Gicht. Junge Blätter schmecken bitter. Frische Blüten zu Löwenzahnhonig und Löwenzahnwein.
Bemerkung: Der weiße Milchsaft gibt auf der Haut braune Flecken. Kinder sind vor dem Saugen dieses Milchsaftes zu warnen!

Löwenzahn-Honig

100 g Löwenzahnblüten ohne Hüllblätter
¹/₂ l Wasser
500 g Zucker

Blütenkörbchen teilen, Blüten herausstreifen. Die äußeren, grünen Hüllblätter schmecken bitter! Im Wasser 6 Minuten durchkochen, abseihen und ausdrücken. Den gewonnenen Saft in ca. 15 Minuten mit Zucker sprudelnd bis zur Sirupdicke einkochen, heiß in Gläser füllen.

Löwenzahn-Honig kann auskristallisieren. Im heißen Wasserbad wird er wieder flüssig. Er wird nach Bedarf frisch gekocht. Während der Löwenzahnblüte Saft bereiten und in ¹/₂ l-Behältern einfrieren. Daraus kann das ganze Jahr über frischer Honig gekocht werden.

Löwenzahn-Gelee

300 g Löwenzahnblüten ohne Hüllblätter
1 ¹/₂ l Wasser
1,8 kg Gelierzucker
Saft von 1 Zitrone

Blütenkörbchen teilen, Blüten herausstreifen und im Wasser 6 Minuten durchkochen. Abseihen und ausdrücken. Den erkalteten Saft mit Gelierzucker und Zitronensaft zum Kochen bringen. 4 Minuten sprudelnd kochen. Gelee heiß in Gläser füllen.

Löwenzahn-Salat

125 g junge Löwenzahnblätter
100 g geräucherter, durchwachsener Speck
1 kleine Zwiebel
Salz, Pfeffer
1 Prise Zucker
Essig

Löwenzahnblätter waschen, abgetropfte Blätter in eine Salatschüssel geben und mit Salz, Pfeffer, Essig und Zucker gut mischen.
Kleingewürfelten Speck in einer Pfanne anbraten und die Würfel mit dem ausgelassenen Fett über den angemachten Salat geben. – Mit Zwiebelringen garnieren.

Löwenzahn-Wein

2 kg Löwenzahnblüten
2 kg Zucker
8 l Wasser
1 Flasche Reinzuchthefe Rasse Steinberg (kleinste Packung)
0,5 g Kaliummetabisulfit
5 g Zitronensäure

Löwenzahnblüten mit 8 l kochendem Wasser überbrühen. 1 Tag stehenlassen. Abseihen und ausdrükken. Zucker und Zitronensäure in den Saft einrühren. Hefekultur zugeben. Den Ansatz in einen Glasballon mit Gärspund einfüllen. Wichtig für die Vergärung ist eine Gärtemperatur von 20–25°C. Wenn nach 8 Wochen die Gärung beendet ist, wird der Jungwein abgezogen und in einen sauberen Glasballon eingefüllt. Zur Haltbarmachung gibt man 0,5 g Kaliummetabisulfit zu. Von jetzt ab wird der Wein bei 15°C gelagert. Etwa 2 Monate nach dem ersten Abstich erfolgt der zweite Abstich. Nach weiteren 2 Monaten ist der Löwenzahnwein fertig und wird in saubere Flaschen abgefüllt. Die Lagerung erfolgt im Keller bei 10–15°C.

Majoran, Wurstkraut, Badkraut, Bratenkraut (Origanum majorana)

20 bis 60 cm hohes, bei uns einjähriges, im Süden mehrjähriges Kraut. Stengel aufsteigend oder aufrecht, vierkantig, stark verästelt, bräunlich oder rötlich angelaufen. Laubblätter spatelig, kurz gestielt, ganzrandig. Geruch und Geschmack stark aromatisch. Blüten klein, weißlich bis rosa, in dichten, eiförmigen Scheinähren.

Blütezeit: Juli bis September.

Standort: Stammt aus dem Mittelmeergebiet, bei uns kultiviert, Aussaat im März in Töpfen, auspflanzen im Mai. Selten verwildert.

Sammelzeit: Frische Triebe den ganzen Sommer, das Kraut von Juli bis September abschneiden, bündeln, trocknen, abrebeln.

Verwertung: Majorankraut enthält ätherisches Öl, Bitter- und Gerbstoffe. Bei Magen-, Darm- und Gallebeschwerden, Erkältungen, Verdauungsbeschwerden, Blähungen, Durchfall. Als Majoran-Creme bei Schnupfen. Äußerlich zu Bädern, Einreibungen, Kräuterkissen und Gurgelwässern.
Wichtiges Wurstgewürz (Wurstkraut), zu fetten Braten, Kartoffelgerichten, Gemüseeintöpfen, Pilz- und Fleischgerichten. In der Diätküche zu salzarmer Kost.

Schnitzel natur mit Kräutern und Pilzen

1 Handvoll Kräuter (nach Angebot variierbar: Majoran, Petersilie, Dill, Basilikum, Estragon, Liebstöckel)
250 g Pfifferlinge oder andere Speisepilze
30 g Butter
4 Schnitzel
Salz, Pfeffer
Bratfett für die Schnitzel

Kräuter waschen, kleinhacken und mit den Pilzen in Butter dünsten. Würzen.

Schnitzel salzen, pfeffern und knusprig braten. Kräuter-Pilzmischung auf den Schnitzeln verteilen.

Majoran-Kartoffeln

1 Handvoll Majoran (ca. 20 g)
750 g rohe, kleine Kartoffeln
1/2 l Wasser
1 Teelöffel Salz
25 g Butter

Kartoffeln waschen, schälen. In 1/2 l Wasser unter Zugabe von 1 Teelöffel Salz weichkochen (ca. 10 Minuten). Kochwasser abgießen. Die Kartoffeln in heißer Butter wenden und mit gehacktem Majoran bestreuen.

Dazu passen angebratene Kassler Ripple.

Meerrettich, Kren, Waldrettich
(Armoracia rusticana)

Bis 125 cm hohe, ausdauernde Staude mit langer, gelbbrauner, innen weißer, fleischiger Wurzel. Grundblätter langgestielt, bis 1 m lang, Rand gekerbt. Die weißen Blüten erscheinen in großen, rispenartigen Blütenständen.

Blütezeit: Juni–Juli.

Standort: Stammt aus Südosteuropa und wird bei uns seit dem 12. Jahrhundert angebaut. Vermehrung vegetativ durch Seitenwurzeln (Fechser). Häufig verwildert an Bachufern und auf feuchten Wiesen.

Sammelzeit: Wenn Ende Oktober das Laub abstirbt, beginnt die Meerrettichernte. Die Wurzeln sind winterhart und können bis zum März gegraben werden. Sie werden in feuchtem Sand im Keller aufbewahrt.

Verwertung: Die Wurzel enthält Senfölglykoside, Mineralstoffe und viel Vitamin C. Sie wirkt stark haut- und schleimhautreizend, verdauungsfördernd, blähungstreibend, harntreibend und hustenlindernd. Die Stangen werden fein gerieben und sind ein beliebtes Gewürz für Fleisch- und Fischgerichte, Rohkost, Saucen und Gemüse. Zur Bereitung von Meerrettichsenf. Wegen der Reizwirkung nicht im Übermaß genießen.

Melisse, Zitronenmelisse, Bienenkraut, Frauenkraut (*Melissa officinalis*)

30 bis 120 cm hohes, ausdauerndes Kraut. Stengel aufrecht oder aufsteigend, vierkantig; ältere Stengel sind verästelt. Laubblätter gestielt, gegenständig, eiförmig, grob gekerbt-gesägt, leicht behaart. Blüten weißlich, zu 3–6 in Scheinquirlen in den Blattachseln.

Blütezeit: Juni bis September. Die ganze Pflanze riecht stark nach Zitrone.

Standort: Stammt aus dem östlichen Mittelmeergebiet, bei uns selten verwildert. Melisse wird im Frühjahr im Kräutergarten ausgesät oder vor dem Austrieb durch Teilung älterer Stöcke vermehrt.

Sammelzeit: Junge Blätter vor der Blüte von Mai bis August. Die Pflanzen treiben durch und können 2- bis 3mal geerntet werden. Blätter schnell trocknen, sie werden gerne braun.

Verwertung: Die Blätter enthalten ätherisches Öl, Bitterstoffe, Gerbstoffe und Schleim. Melissentee wirkt krampflösend, leicht beruhigend und kräftigend. Als Würzkraut zu Salaten, Quark, Gemüse, Fisch, Saucen und zu Kräuter-Mixgetränken. Melisse frisch zu den Speisen geben.

In der Spirituosenindustrie zur Herstellung von Kräuterlikör.

Melissen-Trunk

10 g Melissenblätter (1 kleine Handvoll)
¹/₂ l Vollmilch
2 Eßlöffel Fichten- oder Löwenzahn-Honig (oder Bienenhonig)
Melissenblätter waschen, grob schneiden und im Mixer mit dem Honig und der Milch gut durchmixen. Kühl servieren.

Melissen-Tee

Melissenblätter können auch ungetrocknet zu einem wohlschmeckenden und gesunden Tee verwendet werden.
ca. 20 frische Melissenblätter (eine Handvoll)
1 l Wasser
Frische Melissenblätter kleinschneiden, mit 1 l kochendem Wasser übergießen. 5 Minuten ziehen lassen. Abseihen. Mit Zucker oder Honig süßen.

Forellen mit Kräuterfüllung

4 Forellen
1 Handvoll Zitronenmelisse
¹/₂ kleine Zwiebel
40 g Butter
Salz, Pfeffer
Zitronenscheiben zum Garnieren.
Zitronenmelisse waschen, nur Blätter verwenden, kleinschneiden. Dazu passen auch einige Petersilie- und Sellerieblätter. Forellen innen und außen salzen und pfeffern. Mit gehackter Zwiebel und Kräutern füllen. Butter im flachen Topf zergehen lassen, gefüllte Forellen dazugeben, ca. 15 Minuten zugedeckt dünsten.
Die Forellen mit Zitronenscheiben garnieren.
Beilage: Neue Kartoffeln.

Moosbeere, Krähenbeere (*Vaccinium oxycoccus*)

Die fadenförmigen, kriechenden Stengel dieses kleinsten Strauches unserer Flora werden bis 80 cm lang. Sie sind oft von Heidekraut und Moos überwachsen. Die glänzenden, immergrünen Blätter sind zugespitzt und am Rand umgerollt. Die lebhaft rosa gefärbten Blüten sitzen an langen, dünnen Stielchen. Nach der Blüte entwickeln sich die anfangs gelblich gefärbten, kugeligen Früchte, die bald auf den Moospolstern aufliegen.

Blütezeit: Juni–Juli. Die Hochmoorbulten erscheinen dann auf weite Strecken in leuchtendem Rosa.

Standort: Die Moosbeere liebt nasse, saure Hoch-moorböden und wächst zusammen mit anderen Leitpflanzen des Hochmoors wie Preiselbeeren, Wollgras und Sumpfrosmarin.

Sammelzeit: Nach den ersten Nachtfrösten im Oktober sind die rötlichen Früchte voll ausgereift und haben ihren feinen, säuerlichen Geschmack entwickelt. Sie können strenge Kälte ertragen und werden bis zum Wintereinbruch gesammelt.

Verwertung: Die Beeren enthalten reichlich Vitamin C und werden am besten zu Marmelade verarbeitet.

Moosbeeren-Gelee

Reife und gewaschene Moosbeeren knapp mit Wasser bedeckt weichkochen. In einem Sieb abtropfen lassen, nur leicht ausdrücken. Aus dem gewonnenen Saft wird das Gelee bereitet:

1 l Moosbeeren-Saft
1,15 kg Gelierzucker
5 g Zitronensäure

Den Zucker unter den Fruchtsaft rühren und langsam erhitzen. Kurz vor dem Aufkochen Zitronensäure einrühren. Nach etwa 4 Minuten ist das Gelee fertig. Sofort heiß in Gläser füllen.

Moosbeeren-Konfitüre

1 kg Moosbeeren
1 kg Zucker
100 g Opekta®
Wasser

Die Früchte sauber verlesen und waschen. Knapp mit Wasser bedeckt 5 Minuten kochen. Dann den Zucker zugeben und 10 Minuten brausend weiterkochen. Danach Opekta® zugeben und noch einmal kurz aufkochen. Die Konfitüre heiß in Gläser füllen.

Äpfel mit Moosbeeren-Konfitüre

4 Äpfel
1 Tasse Moosbeeren-Konfitüre
1 Schuß Weißwein
¼ l Wasser

Äpfel waschen und von oben her entkernen. In Wasser mit Weißwein dünsten. Nach Geschmack kann etwas Zucker, Zimt und Zitrone beigefügt werden. Die nicht zu weich gedünsteten Äpfel mit Moosbeeren-Konfitüre füllen. – Eine feine Beilage zu Wildgerichten.

Moosbeeren-Joghurt

1 Becher Joghurt (150 g)
2 Eßlöffel Moosbeeren-Marmelade

Marmelade mit Joghurt verrührt ergibt ein gut schmeckendes, erfrischendes Dessert. Joghurt ist reich an Vitamin B, Kalzium und Eiweiß.

Pastinak (Pastinaca sativa)

Zweijährige, bis über 1 m hohe, ausdauernde Pflanze. Wurzel spindelförmig, bei Kultursorten rübenförmig verdickt. Stengel kantig, gefurcht, oben verästelt. Laubblätter meist einfach fiederschnittig, untere kurz gestielt, obere sitzend. Teilblättchen kerbig gesägt. Blüten klein, goldgelb, in zusammengesetzten Dolden.
Blütezeit: Juli–August. Früchte zusammengedrückt, breit-elliptisch. Die ganze Pflanze hat einen aromatischen, möhrenähnlichen Geruch.
Standort: Wildwachsend an Wegen, in Wiesen, Steinbrüchen und Unkrautgesellschaften. Im Garten im Frühjahr aussäen.

Sammelzeit: Frisches Kraut von Mai bis Juli, Samen im August vor der Vollreife (Dolden abschneiden, trocknen, Früchte abrebeln), Wurzeln im Herbst graben.
Verwendung: Die ganze Pflanze enthält ätherisches Öl. Die Wurzeln Eiweiß, Stärke und Vitamin C. In der Volksheilkunde werden die Früchte als Tee bei Magen- und Blasenleiden verwendet.
Frisches Kraut als Gewürz zu Wildsalaten, Fleischgerichten, Kräutersuppen und Wildgemüsen. Aus der Wurzel wird ein wohlschmeckendes, nährwertreiches Gemüse bereitet.

Petersilie, Peterling, Garten-Petersilie (Petroselinum crispum)

30 bis 120 cm hohe, zweijährige Pflanze. Wurzel spindel- bis rübenförmig. Stengel aufrecht, rund, gerillt, von der Mitte an verzweigt. Laubblätter dunkelgrün, glänzend, Grundblätter gestielt. Blüten grünlich-gelb oder rötlich in 10- bis 20strahligen, langstieligen Dolden.

Blütezeit: Juni–Juli. Früchte grünlich-grau, rundlich-eiförmig, bis 2,5 mm lang. Die ganze Pflanze hat einen intensiven, würzigen Geruch.

Standort: In zahlreichen Formen kultiviert, gelegentlich verwildert.

Sammelzeit: Frische Blätter das ganze Jahr über. Stengel mit reifenden Früchten im August abschneiden, zum Trocknen aufhängen, Früchte abrebeln, nachtrocknen. Wurzeln im Herbst graben, waschen, trocknen.

Verwertung: Petersilie enthält ätherisches Öl, Vitamine und Mineralstoffe. Früchte und Wurzeln werden vor allem als wassertreibendes Mittel verwendet.

Petersilienblätter sind als vielseitiges Gewürz zu Fisch- und Fleischgerichten, Suppen, Gemüsen und Salaten beliebt. Sie sind Bestandteil der „Fines herbes". Diese Kräutermischung enthält Petersilie, Schnittlauch, Kerbel und Estragon.

Pfefferminze, Edelminze, Echte Minze, Gartenminze (Mentha × piperita)

50 bis 80 cm hohe, ausdauernde Pflanze mit zahlreichen ober- und unterirdischen Ausläufern. Stengel vierkantig, verzweigt, oft rötlich-violett überlaufen. Laubblätter länglich-eiförmig, kurzgestielt, gegenständig, am Rand grob gezähnt. Blüten klein, hellviolett oder rosarot, in dichten, endständigen Scheinähren.
Blütezeit: Juni–August. Die Pflanze hat einen aromatischen Geruch und würzigen Geschmack.
Standort: Die Pfefferminze ist ein Bastard von *M. spicata* × *M. aquatica* und kommt nur gelegentlich verwildert vor. Vermehrung im Frühjahr und Herbst durch Ausläufer.

Sammelzeit: Frische Triebe können laufend geschnitten werden. Haupternte vor der Blütezeit. Die Pflanze treibt noch einmal, und Ende August kann ein zweiter Schnitt erfolgen.
Verwertung: Die Blätter enthalten Pfefferminzöl, Gerb- und Bitterstoffe. Als Tee bei Beschwerden im Magen-Darmbereich, bei Übelkeit, Brechreiz und Erkrankungen der Leber und Galle. Pfefferminzöl enthält Menthol, das in Mund- und Zahnpflegemitteln verwendet wird.
Frische Pfefferminzblätter als Gewürz zu Rohkostsalaten, Suppen, Saucen, Eintöpfen und Fischgerichten.

Pfefferminz-Tee

1 Eßlöffel getrocknete, geschnittene Pfefferminzblätter mit ¼ Liter kochendem Wasser übergießen.
Zugedeckt 10 Minuten ziehen lassen. Abseihen.
Mit Pfefferminze werden viele Teemischungen aro-
matisiert. Pfefferminztee ist jedoch als Haustee für
den Dauergebrauch nicht geeignet.

Pfefferminz-Likör

50 g frische Pfefferminzblätter
1 Teelöffel Muskat, gemahlen
3 Nelken
Schale einer halben ungespritzten Zitrone
1 l Alkohol 60%ig
350 g Zucker
½ l Wasser
Pfefferminzblätter waschen, abtrocknen lassen,
kleinschneiden und in eine weithalsige Glasflasche
füllen. Muskat, Nelken und kleingeschnittene Zitro-
nenschale zugeben, Alkohol auffüllen und den Ansatz 14 Tage an die Sonne stellen. Danach abseihen,
mit Zuckerwasserlösung (Wasser mit Zucker 10 Minuten kochen, abkühlen lassen) mischen. Den Likör
in Flaschen abfüllen, gut verkorken und noch einige
Zeit kühl lagern.

Pfefferminz-Gelee

200 g Pfefferminzblätter
1 l Wasser
1200 g Gelierzucker
5 g Zitronensäure
Pfefferminzblätter waschen, 1 cm breit schneiden, in
eine Schüssel geben und 1 l Wasser zugießen. Über
Nacht stehenlassen. Am anderen Tag abseihen, ausdrücken und den so gewonnenen Saft von ca. 1 l mit
Gelierzucker mischen, Zitronensäure zugeben und
aufkochen, Kochzeit 10 Minuten. Das Gelee ab-
schäumen. Heiß in Gläser füllen.

Pfefferminz-Sirup

100 g frische Pfefferminzblätter
1 l Wasser
1000 g Zucker
Pfefferminzblätter waschen, 1 cm breit schneiden
und in Wasser 5 Minuten kochen. Abseihen. Den
Saft mit Zucker zu Sirupdicke einkochen (ca. 30
Min.). Heiß in Flaschen füllen.

Preiselbeere, Kronsbeere, Grante
(Vaccinium vitis-idaea)

10 bis 30 cm hoher, spärlich verzweigter, wintergrüner Zwergstrauch. Laubblätter wechselständig, eiförmig oder verkehrteiförmig, ganzrandig oder schwach gekerbt, ledrig, am Rand etwas eingerollt, oberseits dunkelgrün, unterseits hellgrün, braundrüsig punktiert. Blüten weiß, rötlich angelaufen, in kleinen, zweigendständigen Trauben.
Blütezeit: Mai–Juli. Früchte kugelig, zur Reifezeit scharlachrot glänzend.
Standort: Auf sauren, nährstoffarmen Böden, gesellig in Mooren, Kiefernwäldern und alpinen Zwergstrauchheiden bis 2500 m.

Sammelzeit: Preiselbeeren reifen von August bis Oktober.
Verwertung: Preiselbeerblätter enthalten Arbutin und Hydrochinon. Sie wurden früher bei Blasenleiden, Gicht und Rheuma verwendet.
Reife Beeren haben einen etwas herben Geschmack und sind für den Rohgenuß wenig geeignet. Sie enthalten Vitamin C, Mineralstoffe, Pektine, Gerbstoffe und Fruchtsäuren. Die Beeren werden gerne zu Konfitüre verarbeitet, die als Beilage zu Wildgerichten sehr geschätzt wird.

Preiselbeer-Konfitüre

1 kg Preiselbeeren
1 kg Zucker
100 g Opekta®
Wasser

Reife Früchte verlesen, waschen, knapp mit Wasser bedeckt 5 Minuten kochen. Zucker zugeben und 10 Minuten durchkochen. Am Schluß Opekta® zugeben, noch einmal kurz aufkochen. Konfitüre heiß in Gläser füllen.

Preiselbeer-Quarkcreme

250 g Magerquark
1 Päckchen Vanillinzucker
2 Eier
2 Eßlöffel Zucker
4 Eßl. Preiselbeer-Konfitüre

Eier, Zucker und Vanillinzucker weißschaumig rühren. Quark unterrühren. Mit Preiselbeer-Konfitüre verfeinern.

Camembert gebacken mit Preiselbeer-Konfitüre

125 g Camembert
1 Ei
2 Eßlöffel Semmelbrösel
Paprika, edelsüß
Fritierfett
2 Eßlöffel Preiselbeer-Konfitüre
Salatblätter

Camembert in Stücke teilen und mit etwas Paprika bestreuen. In verquirltem Ei, dann in Semmelbrösel wenden. Im heißen Fett ausbacken. Die knusprig goldbraunen Camembertecken warm mit Preiselbeer-Konfitüre auf Salatblättern servieren.

Quendel, Feld-Thymian, Arznei-Thymian (Thymus pulegioides)

Niederer, am Grunde verholzter, bis 20 cm hoher Halbstrauch. Stengel niederliegend bis aufsteigend, vierkantig, an den Kanten behaart. Laubblätter klein, elliptisch oder länglich, ganzrandig, gegenständig, kurzstielig, am Grunde bewimpert. Blüten klein, rosarot, in kopfigen, kleinen Scheinähren. Blütezeit: Juni bis September. Blüten und Blätter riechen zerrieben angenehm aromatisch. Formenreiche Sammelart.

Standort: Verbreitet auf Magerwiesen und Steppenheiden, an sonnigen, steinigen Plätzen.

Sammelzeit: Blühendes Kraut von Juni bis September.

Verwertung: Quendel enthält ätherisches Öl, Gerb- und Bitterstoffe. Als Hustenmittel, aber weniger wirksam als Thymian. In der Volksheilkunde bei leichten Magen- und Darmstörungen. Alkoholische Auszüge gegen Verstauchungen und Quetschungen. Als Badezusatz bei Rheuma, Schlafstörungen, Nervenschwäche.

Quendel-Tee: 1 Teelöffel getr. Kraut mit ¼ l kochendem Wasser übergießen. 10 Min. ziehen lassen. Abseihen. 3mal täglich eine Tasse trinken.
Als Gewürz wie Thymian zu Salaten und Eintöpfen.

Rosmarin, Kranzkraut, Brautkraut (Rosmarinus officinalis)

50 bis 200 cm hoher, immergrüner Halbstrauch mit dichtverzweigten Ästen. Laubblätter sitzend, 2 bis 3 cm lang, stark nach unten eingerollt, nadelförmig, lederartig mit aromatischem Geruch. Blüten blaßblau in Scheinquirlen angeordnet.
Blütezeit: April bis September.
Standort: Im Mittelmeergebiet verbreitet, bei uns kultiviert, nicht winterhart, frostfrei überwintern.
Sammelzeit: Triebspitzen als Gewürz nach Bedarf. Blätter zum Trocknen vor der Blütezeit.
Verwertung: Rosmarinblätter enthalten ätherisches Öl, Gerbstoffe und Saponin. Bei Verdauungsschwä-che und Menstruationsstörungen. Als Badezusatz bei Erschöpfungszuständen und nervösen Herzbeschwerden. Äußerlich als Rosmarin-Spiritus zu Einreibungen bei Krämpfen, Rheuma, Nervenschmerzen und Durchblutungsstörungen.
Rosmarin-Bad: 50 g getrocknete Rosmarinblätter in 1 Liter Wasser kurz aufkochen, 1/2 Stunde ziehen lassen, abseihen und dem Vollbad zugeben. Wirkt anregend, Bad nicht vor dem Schlafengehen nehmen.
Als Gewürz Blätter in kleinen Mengen zu Hähnchen, Suppen, Saucen, Hammelfleisch und Wild.

Salbei, Gartensalbei, Echter Salbei (Salvia officinalis)

20 bis 70 cm hoher Halbstrauch. Stengel stark verzweigt, niederliegend oder aufsteigend, unten verholzt. Laubblätter graufilzig-grünlich, runzelig, länglich-eiförmig bis elliptisch, gestielt, zum Teil wintergrün, Geruch und Geschmack streng würzig. Blüten blauviolett, selten weiß, in Scheinquirlen. Blütezeit: Juni–August. Gute Bienenweide. Zierpflanze. Verschiedene Unterarten.

Standort: Stammt aus dem Mittelmeergebiet. Bei uns als geschätzte Heil- und Gewürzpflanze kultiviert. Selten verwildert, kalkliebend, frostempfindlich.

Sammelzeit: Blätter und junge Triebe von Mai bis Juni vor der Blüte. Nachernte im August.

Verwertung: Salbeiblätter enthalten ätherisches Öl, Gerbstoffe, Bitterstoffe und Harz. Salbei wirkt schweißhemmend. Als Tee bei Magen- und Darmstörungen, bei Menstruationsstörungen, zum Spülen und Gurgeln bei Zahnfleisch- und Halsentzündungen.

Blätter frisch und getrocknet als Gewürz zu Fleisch- und Fischgerichten, vor allem zu Wild-, Hammel- und Schweinebraten. Verfeinert Salate und Mayonnaisen. Blätter im Schatten trocknen. Gut verschlossen aufbewahren.

Lammscheiben in Salbei

4 Lammscheiben
4 Eßlöffel Salbeiblätter, ganz, getrocknet
Salz, Pfeffer
Knoblauchgewürz
Olivenöl

Lammscheiben auf beiden Seiten salzen, pfeffern und mit Knoblauchpulver bestreuen. 3 Eßlöffel Salbeiblätter fein zerreiben und die Lammscheiben damit gut einreiben. Olivenöl in der Pfanne erhitzen und die Fleischscheiben darin goldbraun braten. Restliche Salbeiblätter in Wasser kurz aufkochen, im Olivenöl ca. 1 Minute mitbraten, auf die Lammscheiben legen.
Heiß servieren. Dazu passen Pommes frites und ein Salat aus würzigen frischen Wildkräutern.

Salbeiblätter in Bierteig

Bierteig: 100 g Mehl
1 Eßlöffel Öl
1 Ei
0,15 l Bier
Salz
frische Salbeiblätter
Ausbackfett

Für den Bierteig Mehl, Eigelb, Öl, Bier und Salz gut verrühren. Das Eiweiß steif schlagen und unter den Teig heben. Das Fett erhitzen. Die frischen Salbeiblätter in den Bierteig tauchen und im heißen Fett goldbraun backen. Heiß servieren.
Eine pikante, appetitanregende Vorspeise!
Salbeiblätter eignen sich zum Einfrieren. Sie können aufgetaut wie frische Blätter verwendet werden.

111

Saltim Bocco

4 Kalbschnitzel
8 mittlere Salbeiblätter
4 Scheiben roher Schinken
20 g Butter
Salz, Pfeffer
Auf ein Schnitzel 1 Scheibe Schinken und 2 Salbeiblätter legen. Zur Hälfte umschlagen und feststek-
ken. Salzen und pfeffern. In Butter auf beiden Seiten
etwa 12 Minuten braten.

Salbei-Tee

1 Eßlöffel getrocknete, feingeschnittene Salbeiblätter mit $1/4$ l Wasser übergießen, langsam zum Sieden
erhitzen, abseihen.
2- bis 3mal täglich eine Tasse mit Honig gesüßt trinken.
Zum Gurgeln bereitet man einen Tee aus 1 Teelöffel
Salbei und 1 Teelöffel Kamille. Stündlich hiermit
gurgeln.

Salbei-Sauce

8 frische Salbeiblätter
1 Knoblauchzehe
1 kleine Zwiebel
25 g Butter
1 Eßlöffel Mehl
½ l Wasser
1 Teelöffel Streuwürze
2 Eßlöffel Sahne
Salz, Pfeffer

Knoblauchzehe und Zwiebel kleinhacken. In Butter kurz dünsten, Mehl überstäuben, Wasser langsam zugießen und dabei die Sauce glattrühren. Kleingeschnittene Salbeiblätter und Streuwürze zugeben, 10 Minuten leicht kochen lassen. Mit Salz und Pfeffer würzen und mit Sahne verfeinern.

Salbei-Wein

10 g getrocknete Salbeiblätter
1 l Weißwein

Die getrockneten Salbeiblätter mit Weißwein übergießen. 1 Woche kühl stellen, gelegentlich schütteln, danach filtrieren.
Von diesem stärkenden Wein trinkt man bei Bedarf ein Gläschen vor dem Essen.

Sanddorn, Seedorn, Stranddorn, Meerdorn (Hippóphae rhamnoides)

Ästiger, dorniger Strauch. Selten als kleiner Baum bis 6 m hoch. Laubblätter kurz gestielt, lineallanzettlich, ganzrandig, oberseits graugrün, unterseits silbergrau. Pflanze zweihäusig, windblütig. Weibliche Blütenstände unscheinbar. Im September reifen die gelbroten Beeren (Scheinfrüchte). Sie schmecken roh sehr sauer und haben einen etwas eigenartigen Geruch.

Standort: Kiesige, sandige Auwälder, Flußauen, Dünen. Häufig als Zierstrauch in Gärten. An Böschungen zur Bodenbefestigung angepflanzt.

Sammelzeit: Beeren von September bis Dezember.

Ihre Ernte ist etwas problematisch, weil die reifen Früchte beim Sammeln leicht zerplatzen. Am besten mit der Schere abschneiden.

Verwertung: Sanddornbeeren enthalten viel Vitamin C und andere Vitamine. Beeren mit einer Saftzentrifuge ausschleudern oder auspressen. Aus dem Saft wird Sirup und Gelee bereitet. Wegen seines Wohlgeschmacks wird er gerne zur Aromatisierung von Obstsäften, Marmeladen und Süßwaren verwendet. Er kann eingefroren werden.

Bemerkung: Sanddorn ist geschützt.

Sanddorn-Saft

Vollreife Beeren kurz waschen, abtropfen. Durch ein Sieb streichen oder mit der Saftzentrifuge entsaften. 1 Teil Fruchtsaft mit 5 Teilen Wasser verdünnen. Mit Honig oder Zucker süßen. Der wohlschmeckende Saft ist zur Stärkung der Widerstandskraft bestens geeignet.

Sanddorn-Sirup

1 l Sanddorn-Saft
1 l Wasser
1 kg Zucker
Saft durch ein Haarsieb geben. Mit Zucker und Wasser zu Sirup aufkochen. Heiß in Flaschen füllen. Mit Mineralwasser verdünnt ein erfrischendes Getränk.

Sanddorn-Gelee

¹/₂ l Sanddorn-Saft
600 g Gelierzucker
5 g Zitronensäure
Saft durch ein Haarsieb geben. Mit Zucker unter Rühren erhitzen. 4 Minuten kochen, Zitronensäure zugeben. Aufwallen lassen. Heiß in Gläser füllen.

Sanddorn-Kokos-Makronen

3 Eßlöffel Sanddorn-Sirup
400 g Kokosraspeln
5 Eiweiß
300 g Puderzucker
Backoblaten
Eiweiß steif schlagen. Puderzucker, Sanddorn-Sirup und Kokosraspeln zugeben. In kleinen Häufchen auf Oblaten setzen. Mit Sanddorn-Gelee verzieren. Sofort bei ca. 150°C 20 bis 30 Minuten backen.

Sanddorn-Joghurt

1 Becher Joghurt (150 g)
2 Eßlöffel Sanddorn-Sirup
1 Eßlöffel Haselnüsse gemahlen

Sanddorn-Milch

2 Eßlöffel Sanddorn-Sirup
1 Eidotter
1 Glas Milch
Zutaten mixen. Kühl servieren.

Sauerampfer, Großer Ampfer, Salatampfer (Rumex acetosa)

Zweihäusige, 30 bis 100 cm hohe Pflanze. Stengel aufrecht, gerieft, meist rötlich überlaufen. Blätter derb, länglich, am Grund pfeilförmig. Untere Blätter langgestielt, obere sitzend. Geschmack säuerlich. Blütenrispe schlank, locker, blattlos. Blüten unscheinbar, klein, grün, rötlich überlaufen. Früchte ca. 4 mm lang auf roten Stielchen.

Blütezeit: Mai und noch einmal im Sommer.

Standort: Verbreitet auf feuchten Wiesen, an Ufern, Wegrändern, in Gebüschen. In manchen Gegenden im Garten angebaut.

Sammelzeit: Blätter von April bis September.

Verwertung: Sauerampferblätter enthalten Vitamin C, ein Flavonglykosid, Primäres Kaliumoxalat, Oxalsäure. Frische Blätter wirken appetitanregend, abführend und harntreibend. In der Volksheilkunde bei Mangel an Vitamin C.

In der Küche junge Blätter zu Salaten, Suppen, Saucen und Quarkspeisen.

Bemerkung: Wegen seiner Inhaltsstoffe Sauerampfer nicht im Übermaß genießen! Bei Nierenschäden, Gicht und Neigung zu Steinbildung ganz meiden.

Frühlingssalat „Sabine"

Zu diesem würzigen Salat kann man alle frischen Kräuter nehmen, die zur Verfügung sind: Sauerampfer, Löwenzahn, Wildkresse, Scharbockskraut, Vogelmiere, Gänseblümchen, Wiesenschaumkraut, Spitzwegerich u. a.

100 g Wildkräuter
1 kleine Zwiebel
1 Apfel
2 hartgekochte Eier
1 Bund Radieschen
Salz, Pfeffer
Essig, Öl
1 Prise Zucker

Wildkräuter waschen, abtropfen lassen, grob schneiden. Mit der gehackten Zwiebel, 2 Eßlöffeln Essig, 4 Eßlöffeln Öl, Salz, Pfeffer und Zucker anmachen. Einige Zeit durchziehen lassen.
Eier in Scheiben schneiden, Radieschen und Apfel in kleine Stücke schneiden und untermischen. Mit kleingehacktem Wiesenschaumkraut oder Wildkresse bestreuen.

Sauerampfer-Suppe

5 gehäufte Eßl. Sauerampferblätter, fein gehackt
4 Eier
10 g Butter
1 Messerspitze Muskat
Salz
³/₄ l Wasser
2 Teelöffel Streuwürze
1 Eigelb
6 Eßlöffel Sahne

Sauerampferblätter waschen, sehr klein hacken. Die Eier verquirlen und mit 4 Eßlöffeln rohen, feingehackten Sauerampferblättern mischen. Salzen, mit Muskat würzen. Daraus in Butter ein dickes Omelett backen, etwas abkühlen lassen und in kleine Würfel schneiden. Wasser mit Streuwürze aufkochen, von der Kochstelle nehmen, Sahne und Eigelb einrühren, Omelettwürfel zugeben. Suppe mit 1 Eßlöffel gehackten Sauerampferblättern bestreuen.

Schafgarbe, Gewöhnliche Schafgarbe, Tausendblatt (Achillea millefolium)

20 bis 80 cm hohe Staude. Wurzelstock verzweigt. Stengel aufrecht, zottig behaart, innen markig. Laubblätter regelmäßig gefiedert. Teilblättchen 2- bis 5fach fiederspaltig. Blüten weiß oder rosa in schirmförmigen Rispen, mit aromatischem Geruch. Blütezeit: Juni bis Oktober. Formenreiche Sammelart.

Standort: Häufig an Wegen, in Wiesen, Trockenrasen und Unkrautfluren.

Sammelzeit: Junge Blätter ab April. Das blühende Kraut oder nur die Blüten von Juni bis Oktober.

Verwertung: Schafgarbe enthält ätherisches Öl, Flavonoide, Mineralstoffe, Bitter- und Gerbstoffe. Bei Appetitmangel, Verdauungsstörungen, Leber- und Gallestörungen, bei Menstruationsbeschwerden. Äußerlich bei Hautleiden und Wunden.

Schafgarben-Tee: 3 Teelöffel feingeschnittenes, getrocknetes Kraut mit $1/4$ l kochendem Wasser übergießen. 15 Minuten ziehen lassen. 2- bis 3mal tägl. 1 Tasse.

Junge Blätter als herb-würziges Kraut zu Salaten, Quark, Weichkäse, Suppen und Eintöpfen.

Scharbockskraut, Feigwurz, Frühlings-Scharbockskraut (Ranunculus ficaria)

Ausdauernde, 5 bis 25 cm hohe Pflanze. Wurzelstock mit keulenförmig verdickten, fleischigen Wurzeln. Grundständige Laubblätter langgestielt, rundlich-herzförmig, fettig-glänzend, gekerbt. Geschmack herb-würzig. Stengel niederliegend oder aufsteigend, hohl, wenig verzweigt mit einzelnen, kleineren, kürzer gestielten Blättern. In den Blattachseln häufig Brutknöllchen. Blüten sternförmig, langgestielt, goldgelb glänzend, einzeln stehend. Blütezeit: März bis Mai.

Standort: Weitverbreitet auf feuchten Wiesen, in Wäldern, Gebüschen, an Bachufern. Liebt tiefgründige, stickstoffhaltige Böden.

Sammelzeit: Junge Blätter von März bis April
Verwertung: Die Blätter enthalten viel Vitamin C. Scharbockskraut wurde deshalb früher nach der Winterzeit als Frühjahrsgemüse gegen Vitamin-C-Mangel-Erkrankungen verwendet.
Mit anderen Frühlingskräutern gemischt eignen sich die jungen Blätter zu Salaten, Suppen und Gemüsen.
Bemerkung: Blätter vor der Blütezeit sammeln, während der Blüte entwickelt sich in den Blättern der Giftstoff Protoanemonin.

Schlehdorn, Schwarzdorn (*Prunus spinosa*)

Der dornige Strauch wird bis 3 Meter hoch. Im April und Mai ist er mit kleinen, weißen, duftenden Blüten übersät. Die eiförmigen bis lanzettlichen, gezähnten Blätter erscheinen erst nach der Blüte. Die Schlehen sind im Oktober reif. Sie sind schwarzblau, bereift, rund und 10 bis 15 mm groß. Schlehen haben einen Kern. Sie schmecken sehr sauer und zusammenziehend.

Standort: Verbreitet in Gebüschen, an Wald- und Wegrändern, auf steinigen Böden.

Sammelzeit: Blüten im Frühjahr, solange sie schön weiß sind. Man trocknet sie in dünnen Lagen an der Sonne und bewahrt sie gut verschlossen auf. Schlehen sammelt man im Oktober und November nach den ersten Frösten. Dann schmecken sie nicht mehr so sauer.

Verwertung: Schlehdornblüten gelten als zuverlässiges Abführmittel. Sie sind auch Bestandteil von Blutreinigungstees.

Die Früchte enthalten reichlich Gerbstoffe, wichtige Vitamine und Mineralstoffe. Aus ihnen bereitet man Saft, Marmelade, Wein und Likör.

Schlehen kann man trocknen oder in der Tiefkühltruhe aufbewahren.

Schlehen-Mus

Schlehen verlesen und waschen. Mit Wasser bedeckt ca. 6 Minuten weichkochen. Durch ein Sieb streichen. 1 kg Schlehen ergeben etwa 800 g Mus. Das dunkelrote Mus schmeckt für sich allein wie Schlehen herb zusammenziehend. Mit anderen Früchten gemischt ergibt es vorzügliche Marmeladen mit apartem Wildfruchtgeschmack.

Schlehen-Birnen-Marmelade

500 g Schlehen-Mus
500 g Birnen-Mus
1 kg Zucker
100 g Opekta®
Mus von Schlehen und weichgekochten Birnen mischen. Zucker zugeben. 10 Minuten kochen. Am Schluß Opekta® zugeben und noch einmal kurz aufkochen.

Schlehen-Quitten-Marmelade

400 g Schlehen-Mus
600 g Quitten-Mus
1 kg Zucker
100 g Opekta®
Mus von Schlehen und weichgekochten Quitten mischen. Zucker zugeben. 10 Minuten kochen. Am Schluß Opekta® zugeben und noch einmal kurz aufkochen.

Schlehen-Elixier

500 g Schlehen
0,7 l Rotwein
300 g Zucker
¹/₂ l Obstwasser oder Korn ca. 35%
Schlehen waschen. Zerstoßen, auch ein Teil der Kerne, damit erhält das Getränk ein feines Aroma. Rotwein übergießen. Kühlstellen. Nach 3 Tagen filtern, zum Kochen erhitzen, Zucker einrühren. Nach dem Abkühlen Obstwasser zugeben. In Flaschen abfüllen. Kühl lagern.

Schlehen-Sirup

2 kg Schlehen
1 kg Zucker
Schlehen verlesen und waschen. Mit kochendheißem Wasser übergießen, so daß sie ganz bedeckt sind. Saft erst am nächsten Tag abgießen, kurz aufkochen und wieder heiß über die Schlehen geben. Diesen Vorgang an den beiden folgenden Tagen wiederholen. Nach 4 Tagen hat man etwa 1 l mild schmeckenden Saft, der mit Zucker zu einem wohlschmeckenden Sirup aufgekocht wird.

Schlehenblüten-Tee

2 Teelöffel getrocknete Schlehenblüten mit ¹/₄ l heißem Wasser übergießen. 10 Minuten ziehen lassen. Abseihen. Als milden Abführtee abends trinken.

Schnittlauch, Binsenlauch, Graslauch (Allium schoenoprasum)

Ausdauerndes 20 bis 40 cm hohes Zwiebelgewächs mit kleinen, weißen, länglichen Zwiebeln. Laubblätter zahlreich, aufrecht, röhrig, stielrund, schwach bereift. Rosa Blüten in dichten, kugeligen Scheindolden.
Blütezeit: Juni–Juli. Die ganze Pflanze hat einen zwiebelartigen Geruch.
Standort: Wildwachsend auf feuchten Wiesen, besonders im Bergland. Häufig kultiviert, bevorzugt sandigen, kalkreichen Boden im Halbschatten. Aussaat im März ins Frühbeet oder auch in Töpfe. Alte Pflanzen können auch im Frühjahr geteilt werden. Winterhart.
Sammelzeit: Während der ganzen Vegetationsperiode ab April. Mehrere Schnitte sind im Jahr möglich. Wenn der Schnittlauch im Herbst eingetopft wird, kann auch im Winter geerntet werden.
Verwertung: Schnittlauch enthält ätherisches Öl und Vitamin C. Beliebtes Gewürz. Feingeschnitten zu Suppen, Saucen, Salaten, Quark, aufs Butterbrot und zu Gemüsegerichten. Schnittlauch eignet sich nicht zum Trocknen, da er dabei seine Würzkraft fast vollständig verliert. Er eignet sich aber gut zum Einfrieren in Plastikbeuteln.
Schnittlauch gilt als gesunder, würziger Brotbelag. Variieren Sie die folgenden Rezepte nach Geschmack:

Schnittlauch-Butterbrot

4 Scheiben Vollkorn- oder Schwarzbrot
20 g Butter
1 Bund Schnittlauch
Schnittlauch waschen, fein schneiden und auf den gebutterten Brotscheiben verteilen.

Schnittlauch-Kräuterkäsebrot

4 Scheiben Vollkorn- oder Schwarzbrot
62,5 g Kräuterkäse (1 Würfel) oder Edelpilzkäse
30 g Butter
1 Bund Schnittlauch
Käse mit Butter zerdrücken, Schnittlauch klein-schneiden, untermengen, auf die Brote verteilen.

Schnittlauch-Quarkbrot

4 Scheiben Vollkorn- oder Schwarzbrot
¼ Zwiebel
1 Knoblauchzehe
1 Bund Schnittlauch
200 g Magerquark
Salz, Pfeffer
Zwiebel, Knoblauch und Schnittlauch fein hacken. Mit dem Quark mischen. Salzen, pfeffern. Brote be-streichen.

Grüne Sauce

1 Handvoll Gewürzkräuter (nach Angebot variier-bar: Schnittlauch, Boretsch, Kerbel, Kresse, Petersi-lie, Pimpinelle, Sauerampfer, Dill, Estragon)
1 Becher Joghurt (150 g)
¼ kleine Zwiebel
200 g Magerquark
2 Eßlöffel Mayonnaise
2 Eßlöffel Sahne
1 gestrichener Teelöffel Zucker
Salz
Weißer Pfeffer, gemahlen
Kräuter und Zwiebel grob zerschneiden. Mit Joghurt im Mixer fein zerkleinern. Dann Quark, Mayonnai-se, Sahne, Zucker, Pfeffer und Salz mischen. Pü-rierte Kräuter zugeben, gut verrühren. Die Sauce ca. 15 Minuten stehenlassen.
Dazu passen hartgekochte Eier.

Sellerie, Gemeiner Eppich (Apium graveolens)

Zweijährige, bis 1 m hohe Pflanze. Wurzel der angebauten Knollensellerie rundlich verdickt. Stengel hohl, kantig gefurcht. Grundständige Blätter lang gestielt, meist fünfpaarig fiederschnittig, obere Stengelblätter dreizählig und kürzer gestielt. Blüten unscheinbar, grünlich-weißlich, in zahlreichen, kurz gestielten Dolden.
Blütezeit: Juli–September. Man unterscheidet verschiedene Kultursorten.

Standort: Die Wildform wächst auf salzhaltigen, sumpfigen Böden des Binnenlandes. Verwendet werden ausschließlich die Kultursorten, die Anfang März in Kistchen gesät und im Mai ausgepflanzt werden.

Sammelzeit: Laubblätter von März bis November, auch in milden Wintern. Sie können eingefroren werden. Getrocknet halten sie lange ihr Aroma. Sellerieknollen werden im Oktober aus der Erde genommen.

Verwertung: Sellerie enthält Apiin, ätherisches Öl und Vitamine. In der Volksheilkunde bei Blasen- und Nierenleiden, bei Gicht und Rheuma.
Die Blätter als Gewürz zu Kartoffelgerichten, Suppen, Salaten und zum Garnieren. Sellerieknollen zu Gemüsen und Salaten.

Sellerie-Rohkost

80 g Knollensellerie
100 g Apfel
200 g Magerquark
20 g Nüsse
6 Eßlöffel Milch
2 Eßlöffel Olivenöl
1 Eßlöffel Zitronensaft

Quark mit Öl und Milch verrühren. Sellerie und den Apfel mit der Schale fein raspeln, mit Zitronensaft beträufeln und unter die Quarkmasse mischen. Mit gehackten Nüssen bestreuen.

Sellerie-Salat

300 g Knollensellerie, gekocht
300 g Äpfel
4 Eßlöffel Mayonnaise
50 g Nüsse
Salz, Pfeffer

Sellerieknollen und Äpfel in feine Streifen schneiden, mischen, salzen, pfeffern und mit Mayonnaise vermischen, gehackte Nüsse unterheben.

Pasteten mit Selleriefüllung

6 Pasteten, fertig gekauft
175 g Knollensellerie, gekocht
100 g gekochter Schinken
1 Zwiebel
2 junge Sellerieblätter
20 g Butter
2 Eidotter
0,1 l Sahne
12 Kapern
Salz, Pfeffer

Pasteten im Backofen erwärmen. Gehackte Zwiebel und Sellerieblätter in Butter kurz dünsten. Kleingewürfelte Sellerie, feingeschnittenen Schinken und Kapern zugeben. Eidotter und Sahne vermischen, unter die Masse rühren, salzen, pfeffern. Pasteten füllen. Warm servieren.

Spitzwegerich, Schmalblättriger Wegerich, Wegetritt (Plantago lanceolata)

Bis 50 cm hohe, ausdauernde Pflanze. Blätter lanzettlich, wenig behaart, 3- bis 7nervig, in grundständiger Rosette angeordnet. Blütenähre kopfartig, kurz. Stengel gefurcht, blattlos. Blüten unscheinbar. Blütezeit: Mai bis September.

Die verschiedenen Unterarten und der nahe verwandte **Breitwegerich** und der **Mittlere Wegerich** sind gleichwertig.

Standort: Verbreitet auf Wiesen, Weiden, Feldern und Wegrändern.

Sammelzeit: Blätter von April bis September.

Schnell trocknen, sie werden gerne braun.

Verwertung: Spitzwegerichblätter enthalten Gerbstoffe, Vitamin C, Kieselsäure, Schleimstoffe und ein Glykosid Aucubin. Als Tee und Saft wirken sie reizmildernd und schleimlösend bei Katarrhen der Atemwege. Bei Insektenstichen gut zerquetschte Blätter auf den Stichen verreiben.

Frische Blätter zu Salaten, Gemüsen, Suppen und zur Herstellung von Spitzwegerichsaft.

Sie schmecken herb-würzig und sind mit anderen Wildkräutern gemischt besonders schmackhaft.

Spitzwegerich-Sirup

200 g frische Spitzwegerichblätter waschen, klein-schneiden und mit ½ l Wasser zum Kochen bringen. 30 Minuten weitersieden. Abseihen. Ausdrücken. Man erhält ¼ l grüngefärbten Saft, der mit 250 g Zucker zu Sirup aufgekocht wird. Heiß in Flaschen füllen.

Spitzwegerich-Bonbons

200 g frische Spitzwegerichblätter
½ l Wasser
500 g Zucker
25 g Traubenzucker
20 g Butter
1 Teelöffel Anis, gemahlen
Spitzwegerichblätter verlesen und waschen. Klein-schneiden. Mit ½ l Wasser zum Kochen bringen. 30 Min. weitersieden. Abseihen. Ausdrücken. Den ge-wonnenen Saft (¼ l) mit Zucker, Traubenzucker, Butter und Anis unter Rühren aufkochen. Bei niede-rer Hitze ca. 20 Minuten weiterkochen. Die dickflüs-sige Masse auf ein geöltes Backblech gießen. Vor dem Erstarren in Bonbonform schneiden, trocknen lassen, in Zellglasfolie einwickeln.

Spitzwegerich-Salat

100 g junge Spitzwegerichblätter
200 g Schafskäse
125 g Oliven
1 Zwiebel
Olivenöl, Essig
Salz, Pfeffer, Origano
Spitzwegerichblätter waschen, kleinschneiden. ½ Stunde in warmes Salzwasser legen, damit die Bit-terkeit vergeht. Abtropfen lassen. Mit grob gewür-feltem Käse, Oliven, Zwiebelringen, Öl, Essig, Salz und Pfeffer mischen. Mit Origano bestreuen.

Spitzwegerich-Tee

1 gehäufter Teelöffel getrocknete, feingeschnittene Spitzwegerichblätter mit ¼ l kochendem Wasser übergießen. 10 Minuten ziehen lassen. Abseihen. Mit Honig süßen. Täglich 2–3 Tassen trinken.

Stachelbeere (Ribes uva-crispa)

Winterkahler, 50 bis 150 cm hoher Strauch mit langen, dünnen, graubraunen Zweigen, die einfache bis dreiteilige Stacheln tragen. Blätter herzförmig, 3- bis 5lappig, gekerbt, oft gebüschelt, unterseits meist schwach behaart. Blüten meist einzeln, unscheinbar, grünlich-rötlich, Kelchröhre glockig.
Blütezeit: April–Mai. Beeren hängend, kugelig bis eiförmig, glatt, behaart, grünlich-gelblich oder rötlich. Reife Beeren schmecken vorzüglich.
Standort: An steinigen, felsigen Stellen, auf Geröllhalden, an Waldrändern, in Schluchtwäldern. Zahlreiche Kultursorten.

Sammelzeit: Stachelbeeren von Juli bis August.
Verwertung: Die Beeren enthalten Vitamin A, B_1 und C, Zucker, Pektin, Protein, Gerbstoffe und Mineralsalze.
Unreife Beeren geben gekocht ein feines Kompott. Reife Früchte sind beliebt als Obst, zu Saft, Marmeladen, Gelee, Beerenwein.
Bemerkung: Beim Beerensammeln Handschuhe tragen!

Thymian, Gartenthymian, Echter Thymian (Thymus vulgaris)

10 bis 40 cm hoher Halbstrauch. Stengel aufrecht, ästig verzweigt, kurz behaart, stark verholzt. Laubblätter kurz gestielt oder sitzend, lineal bis elliptisch, 4 bis 9 mm lang, Rand stark nach unten eingerollt. Blüten klein, hellviolett.

Blütezeit: Juni bis August. Die ganze Pflanze duftet stark aromatisch.

Standort: Thymian stammt aus dem westlichen Mittelmeergebiet und wird bei uns als Gartenpflanze kultiviert, selten verwildert.

Sammelzeit: Mai bis August. Ganze Stengel abschneiden, trocknen, Blätter abrebeln. Zur Vermeidung von Aromaverlusten wird Thymian wie alle ätherischen Ölpflanzen bei Wärme nicht über 35 °C getrocknet.

Verwertung: Thymian enthält ätherisches Öl, Bitterstoff, Gerbstoff und Flavone. Er wirkt schleimlösend und hustenreizlindernd. Als Mundspül- und Gurgelmittel bei Halsschmerzen und Heiserkeit. Als Badezusatz gegen Rheuma und bei Nervenschwäche.

In der Küche als appetitanregendes Gewürz für fette Fleisch- und Kartoffelgerichte, Salate, Wurst und Käse (immer sparsam). Zur Likörherstellung.

Tripmadam, Felsen-Fettkraut, Felsen-Fetthenne (Sedum reflexum)

Ausdauernde, bis 30 cm hohe Pflanze. Wurzeln dünn, faserig und verästelt. Triebe verzweigt, flach auf dem Boden liegend bis aufsteigend, rasenbildend, fleischig, blaugrünlich. Blätter lineal, fleischig, am Grund kurz gespornt, wie die Stengel blaugrün, bereift. Blüten goldgelb, in lockeren Blütenständen. Blütezeit: Juni bis August.

Standort: Häufig an sonnigen, steinigen Plätzen, auf Mauern, Felsen, Dämmen und Schutthalden. In Gärten auch als Zierpflanze. Einfache Vermehrung durch Teilung der Sprosse, die sehr schnell wurzeln.

Sammelzeit: Triebe ohne Blüten während der ganzen Vegetationsperiode.

Verwertung: Tripmadam enthält Gerbstoffe und Schleim. Als Würzkraut in kleinen Mengen zu Salaten, Suppen, Saucen, Kartoffeln und Rohkostgerichten.

Tripmadam-Blätter sind nicht zum Trocknen geeignet. Die **Große Fetthenne** *(Sedum telephium)* wird gleich verwendet. Sie hat einen aufrechten Stengel, eiförmig-längliche Blätter, grünlichgelbe oder dunkelrote Blüten und Wurzelknollen, die ebenfalls eßbar sind.

Vogelmiere, Vogel-Sternmiere, Hühnerdarm (Stellaria media)

Stengel dünn, niederliegend bis aufsteigend. Haare am Stengel in einer Längsreihe angeordnet (Lupe!). Blätter klein, eiförmig, spitz, gegenständig, untere gestielt, obere sitzend. Blüten klein, weiß. Blütenkronblätter nicht länger als die Kelchblätter.
Blütezeit: fast das ganze Jahr.
Standort: Verbreitet in Unkrautgesellschaften auf Äckern, in Gärten und Weinbergen, an Wegen und Schuttplätzen.
Sammelzeit: Frische Triebe von März bis Oktober. Vogelmiere kann auch in milden Wintern gesammelt werden.

Verwertung: Vogelmiere enthält Vitamin C, Mineralstoffe und Saponine. In der Volksheilkunde früher bei Lungenerkrankungen, als harntreibendes Mittel und als Auflage bei Wunden und Hautausschlägen verwendet.
Der Name Vogelmiere bezieht sich auf die Verwendung des Krautes als Stubenvogelfutter.
Der angenehme Geschmack der Vogelmiere erinnert an zarte, junge Maiskolben. Das Kraut wird zu Frühjahrsgemüse und -salat verwendet.

Wacholder, Heidewacholder, Reckolder, Kranewitt (Juniperus communis)

Von Grund auf verzweigter, 2–5 m hoher, meist säulenförmiger Strauch; selten baumförmig bis 12 m. Laubblätter nadelförmig, spitz, hart, meist in dreizähligen Quirlen stehend. Blüten klein, unscheinbar, meist zweihäusig. Beeren (botanisch handelt es sich um Samenzapfen) reifen im 2. Jahr. Sie sind kugelrund, schwarzbraun, bläulichgrau bereift. Geschmack süßlich-aromatisch, Geruch würzig.
Standort: Auf Heiden, in lichten Kiefernwäldern, Mooren, Magerrasen.
Sammelzeit: Beeren im November und Dezember.
Verwertung: Wacholderbeeren enthalten ätherisches Öl, Gerbstoffe, Harz und Invertzucker. Sie wirken appetitanregend, verdauungsfördernd und harntreibend. Wegen der nierenreizenden Wirkung bei Nierenerkrankungen und während der Schwangerschaft meiden! Wacholderspiritus wird in der Volksmedizin als Einreibemittel bei Erkältungen und rheumatischen Erkrankungen verwendet. Zur Herstellung von Schnäpsen.
Als Küchengewürz zu Sauerkraut, Wild, Fisch und Saucen (sparsam!). Holz und Zweige zum Räuchern.
Bemerkung: Teilweise geschützt.

Wacholder-Rauchfleisch

10 kg Schweinefleisch
500 g Salz
100 g Weißer Pfeffer, gemahlen
1 Knoblauchzwiebel
ca. 50 Wacholderbeeren
ca. 50 Pfefferkörner

Knoblauch sehr fein hacken. Mit Salz und gemahlenem Pfeffer mischen, Fleischstücke damit einreiben, in ein Steingutgefäß oder eine Fleischpresse legen, so daß wenig Zwischenraum verbleibt. Wacholderbeeren und Pfefferkörner zwischenstreuen. Ein Holzbrettchen auf das Fleisch legen, gut beschweren oder pressen. Salzlake (100 g Salz in 1 l Wasser aufkochen) nach dem Abkühlen über das Fleisch gießen, bis es bedeckt ist. Nach 3–4 Tagen evtl. nachgießen. 3 Wochen stehenlassen. Fleisch herausnehmen. Abtrocknen. Das gepökelte Fleisch wird 3–4 Wochen in der Räucherkammer geräuchert. Dem Räucherholz soll Wacholderreisig beigegeben werden.
Wacholderbeeren verleihen dem Rauchfleisch einen besonders würzigen Geschmack.

Wacholderbeeren als Gewürz

Ein Dutzend Wacholderbeeren geben jedem Sauerkraut-Gericht eine pikante Note.
Wildenten reibt man mit zerdrückten Beeren ein. Wildbret-Saucen erhalten durch 3 zerdrückte Wacholderbeeren ein feines Aroma.

Wacholder-Schnaps

20 g Wacholderbeeren werden etwa 1 Woche mit $^1/_2$ l Obstwasser oder Korn ca. 38 % in einer Ansatzflasche warm gestellt. Gelegentlich schütteln. Ansatz nach einer Woche filtrieren.

Wacholderbeeren-Kur

Diese beliebte Blutreinigungskur beginnt man am 1. Tag mit einer Wacholderbeere, am 2. Tag kaut man zwei Beeren, bis man am 20. Tag zwanzig Beeren erreicht hat. Dann geht man wieder täglich um eine Beere zurück. Die Beeren werden über den Tag verteilt zerkaut.
Bei Erkrankungen der Nieren und während der Schwangerschaft darf diese Kur nicht durchgeführt werden. Hausarzt fragen!

Wald-Erdbeere, Erdbeere (Fragaria vesca)

5 bis 30 cm hohe Rosettenpflanze mit langen, am Boden kriechenden Ausläufern, die an den Knoten wurzeln. Laubblätter dreizählig, oval-eiförmig, grob gesägt, oberseits grün glänzend, unterseits heller. Blüten mit 5 weißen Blütenblättern. Blütenstiele anliegend behaart.
Blütezeit: Mai–Juli. Scheinfrüchte rot, fleischig mit köstlichem Geschmack. In die Scheinfrüchte sind kleine, braune Nüßchen eingebettet.
Standort: Verbreitet in lichten Wäldern, an Waldrändern, auf Kahlschlägen und sonnigen Waldwegen.

Sammelzeit: Junge Blätter von Mai bis Juni. Beeren von Juni bis August.
Verwertung: Blätter enthalten Gerbstoff. In der Volksheilkunde bei Durchfall und als Bestandteil von Blutreinigungstees. Zu Haustees sammelt man junge Blätter, die weniger Gerbstoffe enthalten.
Die Beeren sind reich an Zucker, Vitamin C, Pektin, Aroma- und Mineralstoffen. Wegen ihres köstlichen Aromas frische Früchte zu Torten, Mixgetränken, Bowlen und Säften. Zu feinen Kompotten und Marmeladen.

Walderdbeer-Bowle

125 g Walderdbeeren
3 Eßlöffel Zucker
1 Flasche milden Weißwein (1 l)
1 Flasche Sekt
Walderdbeeren zuckern und ½ Stunde ziehen lassen. Mit gekühltem Weißwein übergießen und etwa 1 Stunde kühl stellen. Vor dem Servieren mit gekühltem Sekt auffüllen.

Walderdbeer-Marmelade

500 g Walderdbeeren
500 g Zucker
100 g Opekta®
Früchte verlesen, nicht waschen, zu Fruchtmus zerdrücken und mit dem Zucker mischen. Unter Rühren 10 Minuten kochen. Dann Opekta® zugeben. Noch einmal kurz aufkochen. Heiß in Gläser füllen.

Walderdbeer-Eiswürfel

250 g Walderdbeeren
4 Eßlöffel Zucker
½ Zitrone
Walderdbeeren durch ein Sieb passieren oder im Mixer zerkleinern. Zucker und Saft einer halben Zitrone zugeben. Den Fruchtbrei in kleine Gefäße verteilen und im Gefrierfach einfrieren.
Diese Eis-Fruchtwürfel eignen sich zum Kühlen und Verfeinern von Getränken.

Walderdbeer-Cocktail

200 g Walderdbeeren
3 Eßlöffel Zucker
2 Gläschen Orangenlikör
1 Flasche Schaumwein
Walderdbeeren zuckern, Orangenlikör zugeben, ca. 20 Minuten ziehen lassen. Portionsweise auf Gläser verteilen und Schaumwein aufgießen.

Walderdbeer-Crêpes

100 g Mehl
3 Eier
1 Prise Salz
¹/₄ l Milch
40 g Butter
250 g Walderdbeeren
4 Eßlöffel Puderzucker

Mehl in eine Schüssel sieben. Mit Eiern, Salz und Milch zu einem dünnen Teig rühren. Crêpes in einer Pfanne mit Butter ausbacken. Die Zutaten ergeben 6 Stück.
Heiße Crêpes zur Hälfte mit Erdbeeren füllen, mit Puderzucker bestäuben, umschlagen und nochmals zuckern.

Walderdbeer-Creme

100 g Walderdbeeren
2 Eidotter
70 g Zucker
¹/₄ l Milch
6 Blatt Speise-Gelatine
0,2 l Sahne

Eidotter mit Zucker schaumig rühren. Zerdrückte Walderdbeeren und Milch zugeben. Gelatine 4 Minuten in kaltem Wasser einweichen, ausdrücken. In einer Schüssel, welche im warmen Wasserbad steht, ohne Wasser flüssig werden lassen. Die aufgelöste Gelatine der Hauptmenge zugeben und durchrühren. In den Kühlschrank stellen. Wenn die Masse zu gelieren beginnt, die steif geschlagene Sahne unterheben. In Schalen verteilen und noch einmal in den Kühlschrank stellen. Die Creme mit ganzen Walderdbeeren garnieren.

Walderdbeer-Törtchen

Teig: *125 g Mehl*
50 g Haselnüsse, gemahlen
50 g Butter
50 g Zucker
1 Ei
1 Messerspitze Backpulver
Belag: *200 g Walderdbeeren*
0,1 l Sahne
1 Päckchen Vanillinzucker
2 Eßlöffel Puderzucker

Aus Mehl, Haselnüssen, Butter, Zucker, Ei und Backpulver einen Teig kneten. 1 Stunde kalt stellen, danach ½ cm dick auswellen und 8 gefettete Tortenförmchen auslegen. Den Teig mit einer Gabel mehrmals einstechen und im Backofen bei 200 °C ca. 20 Min. backen. Die Törtchen mit Walderbeeren belegen und mit Puderzucker bestäuben. Sahne mit Vanillinzucker steif schlagen und die Törtchen garnieren.

Walderdbeer-Schnee

200 g Walderdbeeren
4 Eiweiß
250 g Puderzucker
Eiweiß steif schlagen, gesiebten Puderzucker unter-
ziehen und die gesäuberten Walderdbeeren unterheben. Die Masse in einer gefetteten Auflaufform im
vorgeheizten Backofen bei 200 °C ca. 25 Minuten
backen.

Walderdbeer-Milch

200 g Walderdbeeren
80 g Zucker
1 l Milch
Walderdbeeren mit dem Zucker im Mixer zu
Fruchtbrei zerkleinern. Milch zugeben. Kühl servieren.

Walderdbeeren in Sektgelee

200 g Walderdbeeren
2 Eßl. Puderzucker
6 Blatt Speise-Gelatine
¹/₂ l Sekt

Walderdbeeren säubern und mit Puderzucker bestäuben. Gelatine 4 Minuten in kaltem Wasser einweichen, ausdrücken. In einer Schüssel, welche im warmen Wasserbad steht, ohne Wasser flüssig werden lassen. Den Sekt nach und nach in die aufgelöste Gelatine einrühren. In den Kühlschrank stellen, bis die Masse zu gelieren beginnt. Walderdbeeren unter die angedickte Sekt-Gelatine mischen, in Gläser verteilen und bis zum Servieren noch einmal kühl stellen.

Walderdbeer-Torte

200 g Walderdbeeren
1 Biskuitboden, fertig gekauft
500 g Magerquark
125 g Zucker
1 Päckchen Vanillinzucker
einige Tropfen Zitronenaroma
6 Blatt Speise-Gelatine
¹/₁₆ l Weißwein
0,25 l Sahne

Quark, Zucker, Vanillinzucker und Zitronenaroma gut miteinander verrühren. Die eingeweichte und ausgedrückte Gelatine in erwärmtem Weißwein auflösen, dann in die Quarkmischung rühren. Steif geschlagene Sahne darunterheben, auf den Biskuitboden füllen und im Kühlschrank fest werden lassen. Die Walderdbeeren auf der Torte verteilen.

Waldmeister, Wohlriechendes Labkraut, Maikraut (Galium odoratum)

10 bis 30 cm hohe Pflanze. Wurzelstock rotbraun, dünn, kriechend. Stengel aufrecht, unverzweigt, glatt, vierkantig mit stark hervortretenden Kanten. Blätter dunkelgrün, länglich-lanzettlich, kahl, zu 6 bis 9 quirlständig. Die kleinen, weißen Blüten sind trichterförmig. Sie stehen in einer endständigen, lang gestielten Doldentraube.
Blütezeit: Mai–Juni.
Standort: Verbreitet in Buchen- und Mischwäldern. Liebt nährstoffreichen, kalkreichen, lockeren Boden.
Sammelzeit: Die oberirdischen Teile werden kurz vor und während der Blütezeit von Mai bis Juni gesammelt.
Verwertung: Waldmeister enthält Cumaringlykosid, das beim Trocknen Cumarin freigibt (Duft), außerdem Gerbstoffe, Bitterstoffe und Vitamin C. Waldmeistertee wirkt krampflösend, beruhigend, harntreibend. Als Geschmackskorrigens zu Teemischungen.
Frischer, vor dem Aufblühen gesammelter Waldmeister zur Maibowle.
Bemerkung: Nicht im Übermaß genießen (Kopfschmerzen).

Mai-Wein

1 l Weißwein
10 g Waldmeister

Waldmeister welken lassen, kleinschneiden, in den Weißwein geben und die Flasche eine Woche in den Keller legen. Zur Verfeinerung des Geschmacks können ein paar Blätter der Schwarzen Johannisbeere zugegeben werden. Abseihen. Mit Zucker süßen.

Waldmeister-Sträußchen

Waldmeister wurde zu Großmutters Zeiten zur Parfümierung der Kleider und Wäsche benützt. Vor der Blüte wurde ein Sträußchen gesammelt und in den Wäscheschrank gehängt oder zusammen mit anderen wohlriechenden Kräutern (Lavendel, Thymian) in ein Kräuterkissen eingenäht und zwischen die Wäsche gelegt.

Waldmeister-Bowle

1 Flasche Weißwein
1 Flasche Sekt
1 Bund Waldmeister
3 Eßlöffel Zucker
1 Orange

Den Waldmeister kurz vor der Blüte sammeln und über Nacht liegen lassen. Beim Welken entwickelt er sein feines Aroma.
Gut gekühlten Weißwein in ein Bowlengefäß gießen und den Zucker darin lösen. Den Waldmeister an einem Faden so in das Gefäß hängen, daß die Schnittstellen der Stengel vom Wein nicht bedeckt sind. 1/2 Stunde ziehen lassen. Vor dem Servieren herausnehmen, Orangescheiben zugeben, gekühlten Sekt aufgießen.

Weißdorn, Hagedorn, Mehldorn (Crataegus laevigata und Crataegus monogyna)

Der mittelgroße Strauch entwickelt sich selten zur Baumgröße. Besonders junge Äste enden in Sproßdornen. Von Mai bis Juni erscheinen unangenehm riechende Blüten. Sie stehen in aufrechten, reichblütigen Doldenrispen. Der Eingriffelige Weißdorn *(C. monogyna)* hat meist einen Griffel und tief eingeschnittene Blätter. Der Zweigriffelige Weißdorn *(C. laevigata)* hat 2–3 Griffel und im Umriß eiförmige Blätter. Im Herbst reifen die Scheinfrüchte. Sie enthalten 1 Stein *(C. monogyna)* oder 2–3 Steine *(C. laevigata)*. Beide Arten sind gleichwertig.

Standort: An Waldrändern, Hecken, Gebüschen, vorwiegend auf trockenen Böden.

Sammelzeit: Blüten und Blätter: Mai–Juni. Früchte im Herbst (bis Dezember).

Verwertung: Weißdorn enthält in den Blüten Amine, Flavonoide, Triterpencarbonsäuren, ätherisches Öl und Gerbstoffe. In den Früchten weniger Flavonoide, daneben Vitamine, Farbstoffe und Pektin. Blüten, Blätter und Früchte wirken herzstärkend und sind auch bei Daueranwendung unschädlich. Die roten, mehlig schmeckenden Früchte eignen sich zu Marmeladen. Sie lassen sich gut tiefkühlen.

Weißdorn-Tee

1 Eßlöffel getrocknete Weißdornblüten (es dürfen auch Blätter untermischt sein) mit ¼ l kochendem Wasser übergießen. Gut ziehen lassen (etwa 15 Minuten). Abseihen. Morgens und abends je 1 Tasse trinken.

Weißdornbeeren-Mus

Beeren verlesen und gut waschen. Mit Wasser bedeckt etwa 7 Minuten weichkochen. Durch ein Sieb streichen. 1 kg Früchte ergeben etwa 600 g Mus. Es schmeckt für sich allein herb und ergibt wie Schlehenmus nur mit anderen Früchten gemischt wohlschmeckende, aromatische Marmeladen. Weißdornbeeren sind für Gelee kaum geeignet.

Weißdorn-Marmeladen

Weißdornbeeren-Mus wird mit dem Saft anderer Wildfrüchte oder Fruchtmus gemischt. Mit Zucker 10 Minuten kochen. Am Schluß Opekta® zugeben, noch einmal kurz aufwallen lassen. Heiß in Gläser füllen.

Weißdorn-Holunder-Marmelade

500 g Weißdornbeeren-Mus
500 g Holunderbeeren gewaschen
1 kg Zucker
100 g Opekta®
1 Zitrone

Weißdorn-Berberitzen-Marmelade

500 g Weißdornbeeren-Mus
500 g Berberitzensaft
1 kg Zucker
100 g Opekta®

Weißdorn-Sanddorn-Marmelade

500 g Weißdornbeeren-Mus
500 g Sanddornsaft
1 kg Zucker
100 g Opekta®

Wermut, Absinthkraut, Bitterer Beifuß (Artemisia absinthium)

50 bis 120 cm hoher Halbstrauch. Stengel aufrecht, ästig, silbergrau behaart. Laubblätter 2- bis 3fach fiederteilig, beiderseits silbergrau behaart. Blütenköpfchen hellgelb, halbkugelig, nickend, in rispigen Ähren.

Blütezeit: Juli bis September. Die ganze Pflanze hat einen herb-aromatischen Geruch.

Standort: Wärmeliebend, an trockenen, steinigen Plätzen, an Wegrändern und in Weinbergen.

Sammelzeit: Juli–September, blühende Zweige mit Blättern bündeln, trocknen, abrebeln.

Verwertung: Wermut enthält ätherisches Öl, Bitter- und Gerbstoffe. Er wirkt appetitanregend, verdauungsfördernd, galletreibend.

Als Gewürz in kleinsten Mengen zu fetten Gerichten. Zur Herstellung von **Wermutwein** werden 3 g getrocknetes Wermutkraut mit 1 l Weißwein angesetzt. 1 Woche stehenlassen. Filtern. Vor dem Essen 1 Gläschen.

Bemerkung: Wermut sollte während der Schwangerschaft gemieden werden.

Wiesenknopf, Kleiner Wiesenknopf, Pimpinelle *(Sanguisorba minor)*

30 bis 60 cm hohe, ausdauernde Halbrosetten-pflanze mit einer oft wintergrünen, dichten Rosette unpaarig gefiederter, langstieliger Grundblätter. Stengel aufrecht, gerillt, wenig beblättert. Blüten-köpfchen klein, kugelig-eiförmig. Blüten meist ein-geschlechtlich, die unteren männlich, die mittleren zwittrig, die oberen weiblich. Blütenblätter fehlen. Blütezeit: Mai bis Juli.

Standort: Ziemlich häufig in Halbtrockenrasen, auf Wiesen, an Wegen, in Wäldern. Auch in Gärten.

Sammelzeit: Junge Blätter vom Frühjahr bis Herbst.

Verwertung: Der Kleine Wiesenknopf enthält Gerb-stoffe und wurde früher in der Volksheilkunde gegen Durchfall und innere Blutungen verwendet.
In der Küche gewinnt er wieder als herbes Würz-kraut an Bedeutung. Zu Suppen, Salaten, Spinat, Quark- und Eierspeisen.
Der wesentlich höhere **Große Wiesenknopf** hat dunkelrote Blütenköpfchen, ebenfalls eine grund-ständige Rosette mit unpaarig gefiederten Blättern. Er wächst auf feuchten, moorigen Wiesen und kann wie der Kleine Wiesenknopf verwendet werden.

Wiesenschaumkraut, Wiesenkresse (Cardamine pratense)

Ausdauernde, 10 bis 50 cm hohe, formenreiche Pflanze, die Anfang Mai ganze Wiesen mit ihren lilafarbenen Blüten prägt. Grundblätter rosettig, unpaarig gefiedert, oft wintergrün. Stengel rund, saftig, unbehaart. Stengelblätter fiederschnittig. Geschmack scharf-würzig. Blüten in trugdoldigem Blütenstand, lila, selten weiß. Kronblätter mit dunkleren Nerven.
Blütezeit: April bis Mai. Frucht eine 2 bis 5 cm lange Schote.
Standort: Auf feuchten, sauren Wiesen, auch in Misch- und Auwäldern.

Sammelzeit: Grundblätter und junge Triebe im April–Mai.
Verwertung: Wiesenschaumkraut enthält Vitamin C, Bitterstoffe, Mineralstoffe und ein Senfölglykosid. In der Küche wird es wie Brunnenkresse und Bitteres Schaumkraut zu Salaten, Suppen, Quarkspeisen und Saucen verwendet.
Nicht im Übermaß genießen!
Bemerkung: An der Pflanze findet man häufig Schaumhäufchen, die von der Schaumzirpe stammen. Sie saugt aus dem Stengel Saft, der durch die Atemluft schaumig aufgetrieben wird.

Wildkräuter-Salat

Wenn das Wiesenschaumkraut zu blühen beginnt, bietet uns die Natur eine Reihe zarter Wildkräuter, die nach Geschmack zu diesem Salat ausgesucht werden können. Die noch nicht aufgeblühten Triebe des Wiesenschaumkrautes sollen in diesem Salat dominieren:

100 g Wildkräuter
1 kleine Zwiebel
2 Eßlöffel Essig
3 Eßlöffel Öl
0,1 l Sahne
1 Prise Zucker
Salz, Pfeffer

Kräuter waschen, abtropfen lassen, grob schneiden. Mit der gehackten Zwiebel, Essig, Öl, Pfeffer, Salz und Zucker anmachen. Einige Minuten durchziehen lassen. Sahne steif schlagen und auf den Salat geben. Mit kleingehacktem Wiesenschaumkraut bestreuen.

Kräutermix

¹/₂ Liter Buttermilch
1 Handvoll frische Kräuter

Geben Sie in dieses würzige Getränk alle Kräuter, die im Frühjahr zur Verfügung stehen und die wesentlich zur Verbesserung des Wohlbefindens beitragen. Dazu gehören: Wiesenschaumkraut, Bitteres Schaumkraut, Löwenzahnblätter, Sauerampferblätter, Spitzwegerichblätter, Vogelmiere u. a.

Kräuter waschen, grob schneiden und im Mixer mit der Buttermilch gut durchmixen.

Wilde Möhre, Mohrrübe, Gelbe Rübe (Daucus carota)

50 bis 80 cm hohe ein- bis mehrjährige Pflanze. Wurzel spindelförmig, weißlich, holzig mit stark aromatischem Geschmack. Stengel hohl, gefurcht, borstig behaart, ästig. Laubblätter doppelt- bis dreifach fiederschnittig. Blüten weiß, in zusammengesetzten Dolden, in der Mitte oft mit einer schwarzpurpurnen „Mohrenblüte". Dolde erst nestartig, dann flach, fruchtend wieder nestförmig.
Blütezeit: Juni bis September.
Standort: Häufig als Wildpflanze in Halbtrockenrasen, auf sonnigen Triften, Ödland und Schuttplätzen, an Wegen. Aus der Wilden Möhre sind die verschiedenen Formen der Kulturmöhre hervorgegangen.
Sammelzeit: Wurzeln der Wilden Möhre von August bis Oktober.
Verwertung: Die Möhre enthält ätherisches Öl, Provitamin A, die Vitamine B_1, B_2, C und Mineralstoffe. Gartenmöhren werden roh gerieben oder als Saft bei Vitamin A-Mangelkrankheiten, bei Ernährungsstörungen der Säuglinge und gegen Madenwürmer gegeben. Die holzigen Wurzeln der Wilden Möhre geben geschabt Suppen und Gemüsen einen sehr feinen Geschmack. (Rezept S. 45.)

Zwiebel, Küchenzwiebel, Sommerzwiebel, Bolle
(Allium cepa)

60 bis 120 cm hohe, ausdauernde, bei uns meist zweijährig kultivierte Pflanze. Zwiebel länglich, kugelig oder abgeflacht. Nebenzwiebeln fehlen. Stengel und Laubblätter bläulichgrün, bereift, röhrig, in der Mitte aufgeblasen. Blüten grünlichweiß in kugeliger Scheindolde.
Blütezeit: Juni–August. Die ganze Pflanze hat einen würzigen Geruch und Geschmack.
Standort: Heimat Westasien, häufig in verschiedenen Kulturformen angebaut. Zuweilen verwildert.
Sammelzeit: Junge Pflanzen und Laubblätter ab Juni, Haupternte, wenn die Blätter welken, ab August, Zwiebeln nachtrocknen lassen, luftig und trocken aufbewahren.

Verwertung: Die Zwiebel enthält ätherisches Öl und Vitamin C. Sie spielt in der Volksheilkunde als harntreibendes und auswurfförderndes Mittel eine große Rolle. Appetit- und verdauungsfördernd. Die jungen Laubblätter werden als Würzkraut verwendet. Die Zwiebel ist unentbehrliches Küchengewürz. Sie paßt roh oder gekocht zu vielen Speisen. Die ausdauernde **Winterzwiebel** *(Allium fistulosum)* ist milder. Sie bildet zahlreiche Nebenzwiebeln aus. Die **Schalotte** *(Allium ascalonicum)* entwickelt anstelle der Blüten zuweilen Brutzwiebeln. Zu Rohkost, Salaten, Saucen.

Zwiebelsuppe

500 g Zwiebeln
3 Eßlöffel Öl
1 l Wasser
2 Teelöffel Streuwürze
⅛ l Weißwein
Salz, Pfeffer
2 Scheiben Toastbrot
100 g geriebener Käse

Zwiebeln schälen, kleinhacken und in Öl goldgelb dünsten. Die Masse oft umrühren. Mit Wasser auffüllen, Streuwürze zugeben und 15 Minuten leicht kochen lassen. Die Zwiebelsuppe mit Wein, Salz und Pfeffer abschmecken und in eine feuerfeste Form umfüllen. Getoastetes, in Würfel geschnittenes Brot auf die Suppe geben. Mit geriebenem Käse bestreuen. Unter dem Grill überbacken, bis der Käse zerläuft. Sofort servieren.

Zwiebelkuchen

Teig: *200 g Mehl*
10 g Hefe
4 Eßlöffel Öl
1 Eigelb
ca. 3 Eßlöffel warmes Wasser
Salz
Belag: *750 g Zwiebeln*
40 g Butter
4 Eier
1 Eßlöffel Quark
1 Teelöffel Salz
1 Teelöffel Kümmel

Aus Mehl, Hefe, Öl, Eigelb, Wasser und Salz einen weichen Teig kneten, diesen im Backofen bei 50 °C ½ Stunde gehen lassen. Dann auf ein rundes, gefettetes Blech (ca. 26 cm Durchmesser, mit Rand) auslegen. Zwiebeln schälen, sehr klein würfeln und in Butter unter ständigem Rühren ca. 10 Minuten hell dünsten. Eier mit Quark, Kümmel und Salz verquirlen, abgekühlte Zwiebelmasse zugeben, mischen und auf dem Teigboden verteilen. Den Zwiebelkuchen im vorgeheizten Backofen bei 200 °C ca. 35 Minuten backen.

Literaturverzeichnis

AICHELE, D.: Was blüht denn da? Kosmos-Naturführer, Stuttgart 1979

AICHELE/SCHWEGLER: Welcher Baum ist das? Kosmos-Naturführer, Stuttgart 1978

ARAUNER, P.: Kitzinger Weinbuch, Arauner-Verlag, Kitzingen 1951

BOROS, G.: Unsere Küchen- und Gewürzkräuter, E. Ulmer Verlag, Stuttgart 1975

DÜLL, R.: Botanisch-Ökologisches Exkursionstaschenbuch, W. Braun-Verlag, Duisburg 1976

GUGENHAN, E.: Gewürzkräuter in Beet und Schale selbst gezogen, Kosmos-Florarium, Stuttgart 1979

HAGERS Handbuch der Pharmazeutischen Praxis, 4. Aufl., 7 Bände, Springer-Verlag, Berlin, Heidelberg, New York 1967–1979

OBERDORFER, E.: Pflanzensoziologische Exkursionsflora für Süddeutschland, E. Ulmer Verlag, Stuttgart 1970

PAHLOW, M.: Das große Buch der Heilpflanzen, Gräfe und Unzer Verlag, München 1979

SCHMEIL-FITSCHEN: Flora von Deutschland, Quelle & Meyer Verlag, Heidelberg 1968

SCHÖNFELDER, P. u. I.: Der Kosmos-Heilpflanzenführer, Kosmos-Naturführer, Stuttgart 1980

SCHÖNFELDER-FISCHER: Welche Heilpflanze ist das? Kosmos-Naturführer, Stuttgart 1976

Register

Wildgemüse, Wildfrüchte, Würzkräuter

Kochrezepte alphabetisch geordnet

Rezepte

Mit über 300 Farbbildern

Peter Seabrook
Das große Kosmos-Gartenbuch

Hier findet der Leser wertvolle Hinweise für die Anlage, Pflege und Erhaltung eines Gartens, denn ein schöner Garten bedarf ständiger Pflege. Die Pflanzen brauchen Nährstoffe, Feuchtigkeit, Licht, Luft und einen günstigen Platz.
Sie danken unsere Mühe mit gesundem Wachstum, farbenfrohen Blüten und herrlichen Früchten. Wer das weiß und mit Überlegung und Sach-

kenntnis seinen Garten plant, pflegt und erhält, wird viel Freude an ihm haben.
192 Seiten, 269 Farbfotos, 90 Zeichnungen.

Bruno P. Kremer
Das Kosmos-Kräuterbuch

Seit Jahrtausenden schätzt man Heilkraft und Aroma, Verwendungsmöglichkeiten und Wirkung der Kräuter. Hier findet das zukünftige »Kräuterweiblein« bzw. »männlein« das nötige Wissen zum Erkennen, Sammeln, Aufbewahren und Anwenden dieser segensreichen Naturgaben.
256 Seiten, 216 Farbfotos, 103 SW-Zeichnungen, 11 historische Illustrationen.

Helga und Hans E. Laux
Kochbuch für Pilzfreunde

Die Autoren zeigen uns, wie man ab der Krokusblüte bis in den Winter hinein die verschiedensten Speisepilze in freier Natur finden und sammeln kann. Alle 100 Rezepte sind auf kleine Ernten abgestimmt und können je nach Fund variiert werden. Jeder der 53 Speisepilze ist in ausgewählt schönen Farbfotos abgebildet und beschrieben. Auch die Gerichte sind abgebildet. Ratschläge zum Bestimmen und Sammeln, zum Konservieren und Selberzüchten werden gegeben.
158 Seiten, 184 Farbfotos.

Kosmos-Florarium – die richtige Reihe für Gartenfreunde!

Edgar Gugenhan
Folien und Kleingewächshäuser im Hobbygarten
Hier findet man viele Tips und Anregungen zum Selbstbau von Frühbeeten und Folientunnels für Garten und Balkon. Auch über den Bau von Pflanzenvitrinen und Blumenfenstern fürs Haus wird viel Wissenswertes berichtet.
176 Seiten, 65 Farbfotos, 20 Zeichnungen.

Edgar Gugenhan
Gemüse aus dem eigenen Garten
Hier wird die Anlage eines Gemüsegartens und der Anbau der gebräuchlichsten Gemüsearten und Gewürzkräuter beschrieben. Es wird erklärt, wie man den Boden bearbeitet, den Pflanzen die richtigen Nährstoffe zuführt und die angebauten Produkte vor Schädlingen bewahrt; auch wie man das Erntegut am günstigsten lagert und in der Küche am besten zubereitet, wird eingehend beschrieben.
179 Seiten, 24 Farb- und 42 SWFotos, 30 Zeichng.

Edgar Gugenhan, Gewürzkräuter
Wie man diese vielseitig verwendbaren Pflanzen im Garten, am Fenster oder auf dem Balkon selbst ziehen, pflegen und ernten kann, wie man sie haltbar macht und verwendet, erfährt man hier.
2. Auflage, 64 Seiten, 26 Farbfotos.

Friedrich Jantzen
Unser Hausgarten – biologisch richtig gepflegt
In diesem praktischen Handbuch wird erklärt, wie man guten Kompost herstellen und Schädlinge auf natürliche Weise fernhalten oder vertreiben kann. Man erfährt, wie man mit einem Minimum an Mineraldünger und Spritzmitteln auskommen kann, um schmackhafte und gesunde Gemüse und Früchte zu ziehen.
62 Seiten, 28 Farbfotos, 53 Zeichnungen.

Magda Bauckmann, Unser Beerengarten
Neben bekannten und bewährten Sorten stellt die Autorin auch vielversprechende neue Züchtungserfolge wie die Josta und neu eingeführte Arten wie die Kiwi vor. Praktische Tips erleichtern die Arbeit mit den Beeren, steigern den Ertrag und verhelfen den Früchten zum bestmöglichen Aroma.
64 Seiten, 21 Farbfotos, 14 zweifarbige Zeichng.

Joachim Zech, Obst aus dem eigenen Garten
Der Autor zeigt in diesem nützlichen Buch die notwendigen Handgriffe für den Obstanbau, berichtet über sachgemäße Schädlingsbekämpfung und berät bei der Wahl der Sorten. Zahlreiche Zeichnungen unterstützen die Beschreibungen.
79 Seiten, 32 Farbfotos, 26 Zeichnungen.

Bei Ihrem Fach/Buchhändler erhältlich!